国家出版基金项目
NATIONAL PUBLICATION FOUNDATION

绿色发展及生态环境丛书

生活方式绿色化之绿色出行

Shenghuo Fangshi Lüsehua Zhi Lüse Chuxing

曲英 著

大连理工大学出版社
Dalian University of Technology Press

图书在版编目(CIP)数据

生活方式绿色化之绿色出行 / 曲英著. — 大连：大连理工大学出版社，2021.11
（绿色发展及生态环境丛书）
ISBN 978-7-5685-2913-6

Ⅰ.①生… Ⅱ.①曲… Ⅲ.①交通运输－节能－研究－中国 Ⅳ.①F512.3

中国版本图书馆 CIP 数据核字(2021)第 000594 号

大连理工大学出版社出版

地址：大连市软件园路 80 号　邮政编码：116023
发行：0411-84708842　邮购：0411-84708943　传真：0411-84701466
E-mail：dutp@dutp.cn　URL：http://dutp.dlut.edu.cn
大连金华光彩色印刷有限公司印刷　　大连理工大学出版社发行

幅面尺寸：168mm×235mm　　印张：13.5　　字数：202 千字
2021 年 11 月第 1 版　　　　　　　2021 年 11 月第 1 次印刷

责任编辑：邵　婉　朱诗宇　　　　　　　责任校对：齐　悦
封面设计：冀贵收

ISBN 978-7-5685-2913-6　　　　　　　　　　定　价：65.00 元

本书如有印装质量问题，请与我社发行部联系更换。

《绿色发展及生态环境丛书》
编委会

总 策 划 王众托　段　宁　武春友

主任委员 张海冰　陆荐援　曲　英

副主任委员 曲晓新　吕志军

委　　员 （按汉语拼音排列）

蔡　玲	陈慧黠	高　翔	高英杰	郭玲玲
郭　勋	韩春蓉	韩吉峰	郝　龙	洪　潮
孔丁嘉	李建博	李　想	李耀峰	厉　英
刘　洋	卢小丽	吕佳芮	马长森	商　华
隋晓红	孙明霞	孙　强	孙庆亮	王　丹
王　芳	王　健	王旅东	王日东	王文昊
王晓兰	肖贵蓉	徐家磊	许敬红	阎振元
杨安丽	于百春	于华新	于　洋	张　晨
张海宁	张　旭	张　勇	赵冬梅	郑贵霞
朱新宇	邹德权	邹积鹏		

前言

随着现代化进程的不断深入,我国城市汽车保有量急剧增加。至2020年底,我国汽车保有量已达2.81亿辆,汽车驾驶人达4.18亿人。虽然汽车的普及给人们生活带来了极大的便利,但也造成了交通拥堵、空气污染、噪声污染等一系列问题。根据统计结果,我国城市80%左右的污染物来自机动车排放废气,而交通噪声具有强度大、影响范围广等特点,已逐渐成为城市噪声的主要污染源。面对愈发严峻的城市环境问题,绿色出行作为一种新兴的可持续消费模式被提出,旨在在提高居民出行效率的同时,减少机动车污染排放,助力城市的低碳绿色发展。

作为城市交通系统中较活跃但又不稳定的因素,城市居民的出行行为直接影响甚至决定城市的交通状况。为贯彻落实党的十九大关于开展绿色出行行动等决策部署,2019年交通运输部等十二部门和单位联合印发了《绿色出行行动计划(2019—2022年)》,旨在进一步提高绿色出行水平。因此,如何引导居民绿色出行成为缓解城市交通问题的关键。本书以城市居民的绿色出行行为作为研究对象,通过系统剖析其内外动因,提炼出居民出行行为的绿色化转型路径,从而为促进我国城市居民绿色出行行为形成提供决策参考与依据。

本书研究内容分为6章,第1、2章分别介绍了我国城市交通发展现状,绿色出行的概念、理论基础以及国内外典型绿色出行实践,旨在提高读者对绿色出行理念的认识,并为后续章节做铺垫。第3、4、5章为核心章节:第3章运用Q方法对居民现行的出行行为进行聚类分析,剖析出行行为的类型、成因和特点;第4章基于计划行为理论,结合实地调研、专家咨询与文献研究,识别出城市居民出行方式选择的内在动因和障碍及外部驱动和制约因素,基于此分析各因素的影响方式和影响力,揭示其影响机理;第5章基于行为转变理论,分析居民出行行为的绿色化转型路径。第6章从政府、社会组织及城市居民的角度出发提出促进中国城市居民绿色出行的管理对策。

绿色出行是城市解决环境问题、实现节能减排与可持续发展的重要组成部分。希望本书的研究内容能够加深读者对绿色出行的认知,为相关政府部门制定相关政策提供理论依据,为营造舒适宜居的绿色家园贡献微薄之力。

曲 英

2021年8月

目 录

第 1 章 城市交通发展的现状调查 ⋯⋯⋯⋯⋯ 1
1.1 城市交通发展现状 ⋯⋯⋯⋯⋯⋯⋯⋯⋯⋯⋯ 2
1.1.1 交通工具和交通方式 ⋯⋯⋯⋯⋯⋯⋯ 2
1.1.2 交通道路基础设施 ⋯⋯⋯⋯⋯⋯⋯⋯ 7
1.1.3 居民出行特征 ⋯⋯⋯⋯⋯⋯⋯⋯⋯⋯ 7
1.2 城市交通面临的挑战 ⋯⋯⋯⋯⋯⋯⋯⋯⋯ 9
1.2.1 城市交通拥堵 ⋯⋯⋯⋯⋯⋯⋯⋯⋯⋯ 9
1.2.2 城市交通污染 ⋯⋯⋯⋯⋯⋯⋯⋯⋯⋯ 12
1.2.3 城市交通能耗 ⋯⋯⋯⋯⋯⋯⋯⋯⋯⋯ 15
1.3 城市交通问题原因分析 ⋯⋯⋯⋯⋯⋯⋯⋯ 18
1.3.1 交通规划缺乏系统性 ⋯⋯⋯⋯⋯⋯⋯ 18
1.3.2 公共交通发展滞后 ⋯⋯⋯⋯⋯⋯⋯⋯ 19
1.3.3 交通供需矛盾 ⋯⋯⋯⋯⋯⋯⋯⋯⋯⋯ 19
1.3.4 居民缺乏绿色出行意识 ⋯⋯⋯⋯⋯⋯ 19

第 2 章 绿色出行理论与实践的发展 ⋯⋯⋯⋯ 20
2.1 绿色出行的概念及理论基础 ⋯⋯⋯⋯⋯⋯ 20
2.1.1 绿色出行的概念界定 ⋯⋯⋯⋯⋯⋯⋯ 20

  2.1.2 绿色出行方式及比较 ……………………………………… 35
  2.1.3 绿色出行的相关研究 ……………………………………… 42
  2.1.4 绿色出行的理论基础 ……………………………………… 46
 2.2 国内外绿色出行的法律政策调查 ……………………………… 57
  2.2.1 绿色出行国外法律政策 …………………………………… 57
  2.2.2 绿色出行国内法律政策 …………………………………… 60
 2.3 国内外典型绿色出行实践及启示 ……………………………… 64
  2.3.1 国外典型绿色出行实践 …………………………………… 64
  2.3.2 国内典型绿色出行实践 …………………………………… 68
  2.3.3 经验总结与启示 …………………………………………… 75

第 3 章 中国城市居民绿色出行行为的现状调查分析 …… 77

 3.1 研究方法：Q 方法 ……………………………………………… 77
  3.1.1 Q 方法的理论基础 ………………………………………… 77
  3.1.2 Q 方法的应用 ……………………………………………… 78
 3.2 绿色出行调查样本的基本信息 ………………………………… 82
  3.2.1 调查样本的获取 …………………………………………… 82
  3.2.2 基本信息的分析 …………………………………………… 85
 3.3 城市居民绿色出行行为的类型划分 …………………………… 91
  3.3.1 绿色出行者 ………………………………………………… 91
  3.3.2 浅绿色出行者 ……………………………………………… 92
  3.3.3 棕色出行者 ………………………………………………… 94
 3.4 不同类型人群行为的对比分析及启示 ………………………… 95
  3.4.1 类型间的一致性及差异性分析 …………………………… 95
  3.4.2 城市居民人口统计变量分析 ……………………………… 98

第 4 章　中国城市居民绿色出行的影响因素 ……… 101

4.1　城市居民绿色出行影响因素的识别 ……… 101
4.1.1　个人影响因素 ……… 101
4.1.2　环境影响因素 ……… 107
4.1.3　社会人口统计变量 ……… 111

4.2　绿色出行影响机理模型构建 ……… 112

4.3　城市居民绿色出行影响因素的关系分析 ……… 114
4.3.1　问卷设计及发放 ……… 114
4.3.2　问卷数据收集与统计分析 ……… 119
4.3.3　关键影响因素的归纳总结 ……… 123
4.3.4　环境因素对绿色出行的影响 ……… 143

第 5 章　中国城市居民绿色出行行为的转变 ……… 146

5.1　棕色出行者的行为转化 ……… 147
5.1.1　提升价值观阶段 ……… 148
5.1.2　考虑新行为阶段 ……… 149
5.1.3　评估新行为阶段 ……… 150

5.2　浅绿色出行者的行为转化 ……… 151
5.2.1　物质环境的改善 ……… 152
5.2.2　社会文化环境的改善 ……… 153

5.3　我国城市居民绿色出行行为的驱动 ……… 155
5.3.1　说服型意向驱动 ……… 155
5.3.2　自律型意向驱动 ……… 158
5.3.3　绿色出行行为驱动 ……… 161

第 6 章 中国城市居民绿色出行行为管理对策 ……… 162
6.1 政府的角度 …………………………………………… 162
6.1.1 加大公共宣传力度 ………………………………… 163
6.1.2 加强城市基础设施及配套建设 …………………… 164
6.1.3 建立健全交通政策体系 …………………………… 166
6.1.4 优先大力发展公共交通 …………………………… 168
6.1.5 增加相关科研投入 ………………………………… 170
6.1.6 提高城市交通管理和服务水平 …………………… 171
6.2 社会组织的角度 ………………………………………… 172
6.2.1 加大宣传力度 ……………………………………… 172
6.2.2 组织开展相关环保活动 …………………………… 173
6.2.3 促进绿色文化建设 ………………………………… 175
6.3 城市居民的角度 ………………………………………… 176
6.3.1 树立绿色出行理念 ………………………………… 176
6.3.2 积极参与相关环保活动 …………………………… 178
6.3.3 严格遵守相关法律法规 …………………………… 179
6.3.4 积极参与绿色出行 ………………………………… 179

参考文献 ……………………………………………………… 181

后记 …………………………………………………………… 201

致谢 …………………………………………………………… 203

第 1 章 城市交通发展的现状调查

　　交通自古以来是人类生活必不可少的一部分,城市的交通系统就像是人体的血脉。城市的有序运转、现有地位与未来发展都依靠城市的交通体系。随着我国城市化进程不断加快,人口迅速向城市聚集,城市化要求城市交通系统的发展同城市化发展规模相适应。伴随着日益增加的城市人口,我国城市交通也进入高速发展时期。早在 20 世纪七八十年代,人们已经发现城市空气污染的主要原因之一是汽车的大量使用。我国城市私人汽车保有量的不断攀升使其尾气排放的总量不断增大,进而导致城市空气质量日益恶化,交通问题占据城市化问题重要部分。交通问题不仅造成经济损失和时间损耗,还带来了严峻的环境和空气污染问题。据调查,很多一线城市交通在早晚高峰时段车速仅为每小时十几公里。本章主要对我国现阶段城市交通的发展现状及现存问题进行分析,从而为绿色出行的发展提供现实基础。

1.1 城市交通发展现状

1.1.1 交通工具和交通方式

交通是客货运的"流",目的是实现人与物的移动。因此城市交通指的是城市内部的交通流。城市交通系统是一个为所有交通方式提供流通空间的综合系统。我国城市人口的迅猛增加,城市规模的迅速扩张以及人们社会活动的不断增加导致居民出行所选择的交通工具和交通方式发生了变化。按照居民选择出行方式的不同,城市交通可分为城市私人交通和城市公共交通。其中,城市公共交通为城市区域内按照特定路线、特定行车时刻表运作,大众支付票价后可以乘坐的交通设施。依据上述定义,城市公共交通涵盖公共汽车、地铁等多种交通方式,而城市私人交通涵盖自行车与小汽车等多种交通方式。

1. 城市私人交通发展现状

城市私人交通是以自行车、小汽车、摩托车、电动车等个人交通工具快速发展为代表的城市交通类型。以私人交通为主导的交通模式适用于人口密度相对较低、城市用地布局相对分散、城市道路网络密度相对较高的城市。私人交通主要反映交通中的个体性,小汽车出行方式具有很好的"点对点"直达性、自由规划路径的灵活性和较好的舒适性,被视作实现城区之间相互连接的重要出行方式之一。对于城市居民出行来说,城市私人交通工具机动灵活,行止随意,能够实现"门到门"的出行。但这类交通工具普遍具有运载量小、运输效率低、道路利用率低等缺点。

在经济迅速发展的阶段,居民的收入水平越来越高,追求以小汽车为主的私人交通作为出行方式的人也越来越多,而有限的道路、能源资源不可能满足过度增长的私人交通需求量,且在公共交通发展过程中,也遇到了许多阻碍,使公共交通发展缓慢,从而产生了私人交通与公共交通发展

第1章　城市交通发展的现状调查

的不平衡。

自行车曾是我国城市居民的主要出行工具,以北京市为例,1980年北京市自行车出行占北京市总出行62.7%,但是后来,这个比例持续下降,在2000年下降至38%,在2014年底更是下降到了11.9%。但到2016年,共享单车登陆北京,越来越多的人开始选择自行车出行,2017年,北京全市共享单车总数达到220万辆,日均骑行600万人次,自行车出行比例首次出现上升。其次,近年来电动自行车受到了越来越多城市居民的欢迎,上海、天津、南京、成都等大中型城市电动自行车出行比例正在以较高的速度增长。电动自行车便捷、快速,对于普通市民来说是性价比很高的出行工具。同时,我国快递行业、外卖行业快速发展,对于电动自行车的需求量也很庞大。受政策等利好因素影响,我国电动自行车产量持续增长。工信部数据显示,2019年中国电动自行车产量为3 609.3万辆,同比增长10.1%。电动自行车新国标实施后,行业由高速发展转向高质量发展。2013年,中国电动自行车的保有量就已经超过2亿辆,而据中国自行车协会统计,2015年以来,我国电动自行车平均年销量超过3 000万辆,社会保有量接近3亿辆,千元以上电动自行车产量持续增长。其中,2019年以锂电电动自行车为代表的高端产品,占电动自行车总产量的13.8%,年产量近500万辆,产量再创新高。

私家车出行已成为当前城市居民的主流出行方式。随着我国城市居民消费水平的不断提高,私家车已由过去的奢侈品变为大众化的消费品。据公安部统计,2020年我国机动车保有量达3.72亿辆,其中汽车保有量为2.81亿辆。图1-1为2014—2020年我国机动车保有量及汽车保有量,图1-2为2018—2020年我国机动车保有量及汽车保有量增速,从图中可以看出,我国汽车保有量逐年增加,增长率日趋平稳。目前全国有70个城市的汽车保有量超过100万辆,同比增加4个城市,31个城市超200万辆,13个城市超300万辆,其中北京、成都、重庆超过500万辆,苏州、上海、郑州超过400万辆,西安、武汉、深圳、东莞、天津、青岛、石家庄7个城市超过300万辆。

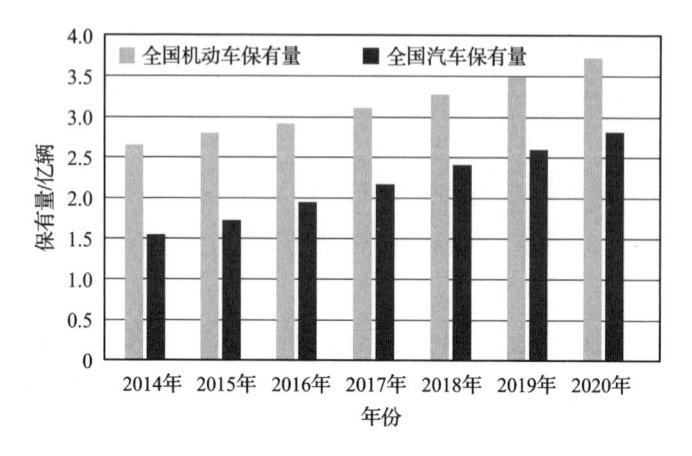

图 1-1　2014—2020 年我国机动车保有量及汽车保有量

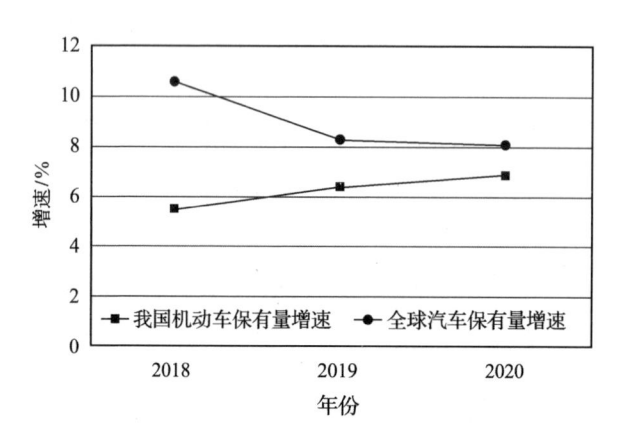

图 1-2　2018—2020 年我国机动车保有量及全球汽车保有量增速

而在汽车保有量中,私人汽车的拥有量对城市交通现状的影响日益加深。由《2020 年国民经济和社会发展统计公报》可知,2020 年末,我国私人汽车保有量达到 2.43 亿辆,同比增加 1 758 万辆。

2. 城市公共交通发展现状

城市公共交通具有较强的吸引力、主导性、可达性和集约性,这种模式往往与高度发达的公共交通服务体系、严密的换乘联运系统、合理的城市用地布局密切相关。公共交通的类型也很多,包括常规公交、轨道交

第1章 城市交通发展的现状调查

通、轮渡等,公共交通强调交通的公共性,具有占用道路空间小、产生道路环境污染少、引导城市空间结构优化等优点。

从公共交通的规模上来看,如图1-3所示,截至2019年末,我国城市公共汽电车运营车辆数为584 026辆,比2018年增加了18 093辆,同比增长3.2%。其中,排在第一名的地区是广东,为64 953辆;第二名是山东,为54 961辆,比广东少了9 992辆;第三名是江苏,为44 976辆,比山东少了9 985辆。

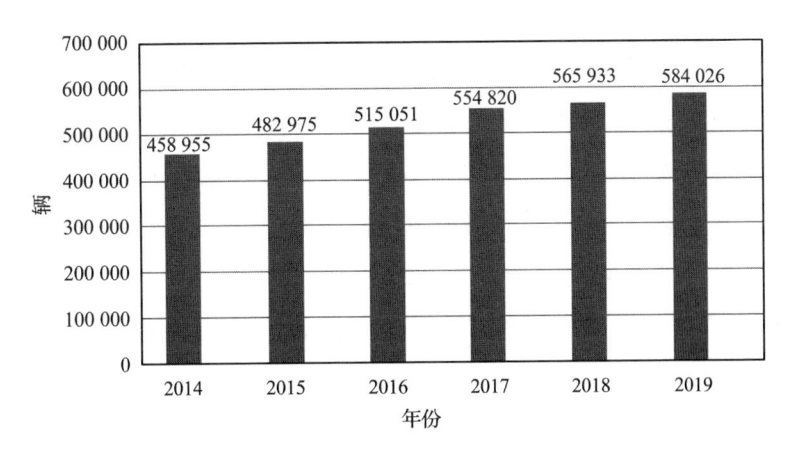

图1-3 2014—2019年我国城市公共汽电车运营车辆数统计图

伴随着城市化率的不断提升,国家通过指导性文件积极推动城市公共交通事业的发展,明确公交优先发展战略。从公共交通的规模上来看,交通运输部统计数据显示,截至2020年,全国城市拥有公共汽电车数量为70.44万辆,同比增长1.6%。在此背景下,城市快速公交系统(BRT)的应用也得到了快速发展,2019年我国城市共拥有BRT车辆数量9 502辆,同比增长4.3%。

城市化水平持续上升刺激了公交市场需求,我国公共汽电车运营线路数量及长度均呈现快速上升趋势,2019年全国拥有公共汽电车运营线路数量为65 730条,同比增长8.5%;拥有公共汽电车运营线路总长度为

133.6万公里,同比增长11.4%。其中,拥有公交专用车道14 951.7公里,同比增长16.4%,BRT线路长度为6 149.8公里,同比增长20.1%。

受轨道交通快速发展的影响,居民出行方式日趋多样化,公交车的客运量呈现小幅下滑趋势,2019年全国公共汽电车完成客运量691.76亿人次,同比下降0.8%。同公交车整体客运量变化趋势相反,BRT客运量与2013年相比增加了6.51亿人次,其中,2019年BRT客运量为17.47亿人次,同比增长10.1%。此外,我国公交车电动化覆盖率逐步提升,从车辆燃料类型分布来看,2019年我国纯电动公交车占比为46.8%,比2018年提升了9%。为了响应国家"蓝天保卫战"政策,近年来国家政策对新能源公交车支持性更强,与传统燃油公交车相比,纯电动公交车的环保优势更强且更具经济效益,未来传统燃油公交车将逐渐被经济性能更优化的纯电动公交车所取代,这也是我国实现"零排放"的重要举措。在此背景下,新能源公交车势必会成为未来发展的主流。

随着对交通模式的探索,20世纪由美国建筑设计师哈里森·佛雷克提出的以公共交通为导向的开发(Transit-Oriented-Development, TOD)模式逐渐成为目前被认可的城市交通发展模式,其强调发挥公共交通先导的作用,以公共交通为导向进行城市土地开发,促进了城市发展与城市交通的协调。我国也在积极倡导"公交优先"的发展战略,但近几年私人交通发展迅速,相比而言,公共交通发展滞后,交通结构出现了不协调、不合理现象,环境污染、资源浪费等一系列问题越来越引人关注。

综上所述,无论是私人交通还是公共交通都是影响城市交通现状的主要因素,在面对有限的城市道路规模和持续膨胀的城市人口数量情况下,二者之间的矛盾日益激烈。尤其是私人交通中的主要出行工具私家车数量的快速增加,加重了城市交通拥堵的程度。因此,改变以私家车为主的出行方式具有重要意义。

1.1.2 交通道路基础设施

随着我国经济发展日益迅速,机动车的保有量也随之骤增,农村人口纷纷迁入城市,使得原本就已不堪重负的城市道路交通面临着更大的压力,因而对城市道路交通设施的要求也日益提高。为了确保城市交通畅通无阻,秩序良好,应不断完善城市道路交通设施,确保交通设施合理、实用、科学。为了满足城市经济发展需要,满足不断发展的交通需要,城市建设部门投入了大量的资金进行城市交通系统的规划、建设,其投资在城市财政中的份额日益提升。

《2019年交通运输行业发展统计公报》的数据显示,截至2019年底,我国铁路营业里程达到13.9万公里,其中高铁营业里程达到3.5万公里;公路总里程达到501.25万公里,其中高速公路里程达到14.96万公里;内河航道通航里程达到12.73万公里,港口拥有生产用码头泊位22 893个;颁证民用航空机场达238个。在城市客运建设方面,2019年底我国拥有轨道交通运营线路190条,相较于2018年增加19条,拥有轨道交通运营里程6 172.2公里,相较于2018年增加877.1公里。其中,拥有地铁线路159条,运营里程5 480.6公里,拥有轻轨线路6条,运营里程217.6公里。拥有城市客运轮渡运营航线88条,相较于2018年减少3条,运营航线总长度达到397.9公里,相较于2018年增加21.3公里。

虽然城市的交通建设在各方面都取得了一定发展,使得一些城市的交通拥堵情况得到了短暂的缓解,但从总体看,我国贫乏的土地资源与大城市高度密集的土地利用模式使得道路空间资源受限严重,道路供给和交通需求间的矛盾仍会进一步加剧。

1.1.3 居民出行特征

城市交通问题的日益严重,已经对经济社会的可持续发展产生了巨大的消极影响并制约了社会发展。受城市结构的影响,城市居民出行模式呈现出一定的规律,表现出城市交通的一些独有特征。居民出行活动

生活方式绿色化之绿色出行

同城市交通状况紧密相连,通过掌握居民出行的时空规律特征,可以为城市规划、基础设施建设与交通管理方面的预测提供科学有效的数据支持,这是解决城市交通问题的核心。我国城市居民出行特征与过去相比发生了较大变化,这与城市社会经济发展水平、人口结构、城市规模和出行环境有关。出行特征的变化主要体现在出行次数、出行目的、出行结构方面。

(1)出行次数。出行次数反映了居民在日常生活中对出行的需求。根据已有研究,城市的社会经济特征与地理环境是影响出行次数的主要因素。城市居民的人均出行次数同收入之间的关系最紧密,随着我国城市居民收入水平提高,出行次数也逐渐增加,20世纪80年代我国主要城市人均出行次数为2.20人次/日,而90年代的城市人均出行次数要比80年代增加21.8%,达到2.68人次/日。2020年《中国智能出行大数据报告》显示,一、二线城市智能渗透率较高,我国一线城市的人均出行次数已高达4.40人次/日。

(2)出行目的。出行目的一般可分为娱乐、上学、上班、购物、文化、回家及其他,出行目的和居民的年龄、职业有关,不同的年龄和职业的居民对某种出行需求的强度是不同的。经统计,发达国家各城市居民通勤出行的比例普遍低于我国,上学、上班以及由此引出的上下学、上下班的出行,为我国城市居民最基本的出行活动。近年来出行结构中以购物、文化、娱乐等为目的的出行比例逐渐提升。

(3)出行结构。机动车的快速增长,改变了城市居民出行方式的构成比例。以北京为例,1990至2000年自行车出行比例不断下降,由1990年的近60%下降为2000年的不足40%,而单位及私人客车的出行比例逐渐上升,由1990年的不足10%上升为2000年的近30%。近年来北京地铁的快速发展促进了市民选择公共交通方式出行,出行结构发生了相应改变。北京公交集团联合多家企业发布的2019年社会责任报告显示,2019年北京公交集团客运量为31.34亿人次,较2015年减少7.46亿人次,运营多样化线路455条次,优化线路总数315条。从报告中的数据可以看出,随着近年来轨道交通的不断完善,北京公共交通市场已迎来变局。

1.2 城市交通面临的挑战

1.2.1 城市交通拥堵

随着改革开放的深入推进,中国经济得到持续快速发展,人民生活水平稳步提升,汽车的保有量逐年增加,2020年我国机动车保有量达3.72亿辆,其中汽车保有量为2.81亿辆。道路交通资源供需矛盾不断加剧,行车难、停车难等问题也更加突出。交通拥堵问题已成为影响居民生活质量、城市形象,甚至阻碍城市发展的突出问题之一。

城市交通拥堵已经成为世界性难题,不管是发达国家的城市,还是发展中国家的城市,在其现代化、城市化、机动化的发展过程中,都曾经历过、现在也依然承受着交通拥堵困扰。我国城市化建设不断加快,2011年我国城市化比率已经超过50%,预计到2050年,城市化比率将达到75%,也就是说,届时城市人口越来越多,这势必将导致我国日后出现更多、更大的城市。因此一段时间内,解决城市交通问题将一直是我国必须面对的一个严峻问题。当前,不论是一线大城市,还是二、三线城市,乃至县城,都出现了程度不一的城市交通拥堵问题。这种"城市病"不单单为城市居民带来诸如出行时间延长、出行成本上升等工作与生活上的不便,还导致交通事故的增加,空气与噪声污染加剧等社会性问题,社会成本被不断扩大,结果就是严重阻碍了城市健康发展。

治理交通拥堵是城市发展过程中的一个难题。近年来,众多学者对于交通拥堵的原因进行了大量分析研究,提出了很多缓解交通拥堵的策略。张泽宇利用主成分分析法和层次分析法对造成重庆市交通拥堵的原因进行了分析,并给出了改善策略。石飞等从多个视角分析了城市交通拥堵的成因,并从学科发展的视角给出了交通拥堵治理对策。李瑷萱研究了重庆市的交通拥堵状况,用主成分分析法得出了导致重庆市主城区交通拥堵的三大类主要因素,并提出治理拥堵问题的对策与建议。杨嘉琦用系统动力学的方法分析了成都市的交通拥堵状况,并进行了仿真,给出了改善交通拥堵的参考建议。高菽晨等从交通供给和交通需求的角度分析了呼和浩特市交通拥堵的成因。张家祺等在其基础上用交通容量数据进行了对比分析,指出了造成呼和浩特市交通拥堵的主要原因。

1.城市交通拥堵的界定

交通拥堵指在某路段交通流量超过了其所能承受的交通需求范围,不能满足当前的交通量,从而导致超过的部分流量滞留在道路上的情况。我国公安部于2020年4月13日发布了《道路交通拥堵评价方法》(GA/T 115-2020),对交叉口、区间路段、道路和道路网交通拥堵度的评价做了规定,以区间路段交通拥堵为例,以平均行程速度来评价,当平均行程速度低于25 km/h,便视为落入拥堵范围。速度在20～25 km/h,为轻度拥堵;10～20 km/h,为中度拥堵,0～10 km/h,为严重拥堵。

2.城市交通拥堵的规律

交通经济学中的著名定律"当斯定律"(Downs Law)的内容为:"当政府不对城市交通进行有效管制与控制时,新建的道路设施会引发新的交通量,而交通需求往往倾向于超出供给。"也就是说,交通拥堵与交通设施不断改善之间是存在矛盾的,交通设施的逐步完善会导致交通需求的进一步增加,进而形成新的交通拥堵问题。因此,要减轻城市交通拥堵,仅仅依靠改善拥堵地区的交通基础设施是远远不够的,必须另寻出路。

3.城市交通拥堵的危害

第一,拥堵影响城市居民的正常生活。拥堵不仅直接增加了城市居民的出行时间,也间接影响了居民的心理健康。在堵车等待的时候,人们因无法预见多种情况,故会产生压力,逐渐变得不安与焦躁,从而产生一系列消极、负面的情绪,特别是在长时间拥堵的情况下。严重的交通拥堵也会导致驾驶员与乘客出现烦躁不安与心理失衡的情况,使得交通事故增加。

第二，拥堵加剧城市环境污染。堵车时汽车处在缓慢行驶状态，和正常行驶或高速行驶状态相比，会因发动机中燃油不完全燃烧而导致有毒有害的汽车尾气成倍增加。北京市环境保护科学研究院的一项研究表明：当小轿车的车速从 20 km/h 提升至 50 km/h 时，它所排放的碳氢化合物如一氧化碳等可以减少大约 50%。频繁的交通拥堵使得城市的大气污染进一步加剧，影响城市健康发展。

第三，拥堵增加经济成本。堵车过程中浪费了大量的时间与人力，造成的经济损失涉及多个方面。以 2018 年北京高峰时段出行为例，每出行 1 个小时，就有 29.7 分钟耗费在堵车上，按月平均工资 8 467 元（北京市统计局发布 2017 年北京市职工月平均工资）计算，得出北京每月因拥堵造成的时间成本达 1 049 元；停车每 3 分钟的油耗相当于行驶 1 km，相当于每辆车每天要多行驶约 10 km，以每辆车平均油耗为 8 升每百公里计算，平均每辆车每天额外油耗为 0.8 升，每年多付 1 290 元油钱，即保守计算每年"拥堵成本"为 1 290 元。当前在全国 600 多个城市中，大概有 2/3 的城市在交通高峰时期会出现拥堵状况，而随着城市拥堵状况从一线城市向二、三线城市不断蔓延，在城市交通拥堵中社会所损失的财富将越来越多。

城市交通问题是一个高度综合而复杂的问题，需要从管理、体制、政策、机构、收费和价格、基础设施建设与投资等方面入手进行全方面解决，只注重其中一个方面而忽视其他方面，是不可能在真正意义上解决问题的。根据城市交通拥堵问题越来越突出的现状，这些年来各级政府与部门纷纷出台各项政策与法律法规来抑制问题的恶化。连年出台的交通白皮书、"单双号限行"和"尾号限行"等政策能够暂时缓解城市拥堵问题，且具有一定效果，让我们也意识到了政府在解决这一问题上的努力与决心，但是一系列举措并没有从根本上达成预期效果。除了一些常规性、创新性的"硬性"办法外，市民，特别是开车一族的出行观念应该有所改变，应大力提倡绿色、低碳、环保的出行理念。城市交通拥堵问题的最终解决办法应是改善有车一族的用车习惯，使其自觉减少开车时间，更多地考虑公共交通出行。改善交通环境需要从大众的需求和出行心态入手,让更多的人减小开车出行的频率,换乘公共交通出行,并以此作为一种日常习惯。

1.2.2　城市交通污染

随着经济建设的快速发展,我国的城市化进程愈来愈快,与此同时出现的问题也愈来愈严峻,特别是交通需求与供给方面的矛盾日渐突出,交通需求不断增加,人们对交通的服务要求也越来越高,机动车数量也显著增加,等等。一方面,机动车数量骤增导致尾气排放量不断增加,从而产生交通污染;另一方面,城市道路资源供给能力有限,机动车出行数量的增加直接导致交通拥堵,而交通拥堵造成了城市交通污染气体排放数量上升。由城市交通引发的污染问题主要包括大气污染和噪声污染。

1. 大气污染

大气污染是城市交通污染的重要方面,是指机动车排出的浓度、数量和持续时间都超过大气的自净能力和规定标准的、危及人和其他生物的流动源污染。机动车排放废气中含有的主要污染物有:CO、HC、NO_x、SO_2、Pb、微粒等。目前的研究表明,机动车排放污染物中的 CO、HC、NO_x 和微粒对人体有较大危害。因此,如何控制机动车尾气排放,改善城市交通环境成为我国政府工作的重点之一,在《中华人民共和国国民经济和社会发展第十四个五年规划和 2035 年远景目标纲要》中提出,在空气质量方面要加强城市大气质量达标管理,推进细颗粒物($PM_{2.5}$)和臭氧(O_3)协同控制,地级及以上城市 $PM_{2.5}$ 浓度下降 10%,有效遏制臭氧浓度增大趋势,基本消除重污染天气。

2018 年,在我国主要大城市,如北京、上海等,移动源排放成为大气污染物首要来源。这使我国的城市大气污染结构正在从煤烟型污染转向煤烟与机动车排气复合型污染。2020 年,我国生态环境部发表《中国移动源环境管理年报(2020)》,显示 2019 年,全国机动车四项污染物排放总量初步校算为1 603.8万吨,相比2017年削减63.21%。其中氮氧化物(NO_x)635.6万吨,碳氢化物(HC)189.2万吨,一氧化碳(CO)771.6万吨,颗粒物(PM)7.4万吨。其中汽车是污染物排放总量的主要"贡献者",四项污染物占比均超过90%。据中国汽车工业协会初步统计显示,2009年中国汽车产销超过1 350万辆,我国首次成为世界汽车产销第一大国。从2019年全国各省份机动车排放量情况来看,在一氧化碳(CO)的排放上,排放量排前五的省份为山东、广东、河北、江苏与河南;在氮氧化物(NO_x)的排放上,排放量排前五的省份则为山东、河北、河南、江苏与广东。

从近年来全国机动车四项污染物排放总量总体来看,尽管汽车保有量呈现上升趋势,但污染物排放量却逐渐呈现下降的趋势,由2012年的4 612.1万吨降低到2017年的4 359.6万吨,年均削减率为1.1%。其中一氧化碳(CO)排放量由3 471.7万吨降低到3 327.3万吨,年均削减0.8%;碳氢化合物(HC)排放量由438.2万吨降低到407.1万吨,年均削减1.5%;氮氧化物(NO_x)排放量由640.0万吨降低到574.3万吨,年均削减2.1%;颗粒物(PM)排放量由62.2万吨降低到50.9万吨,年均削减3.9%。全国机动车污染物排放量变换趋势如图1-4所示。

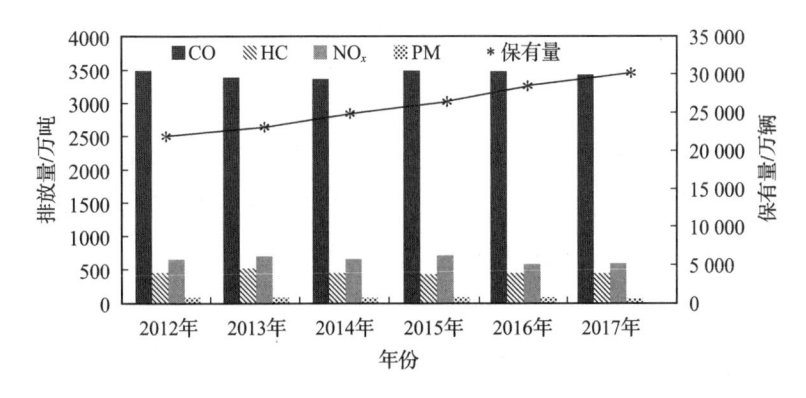

图1-4 全国机动车污染物排放量变化趋势

注:图表来源《2018年中国机动车环境管理年报》

机动车排放物污染对于我国空气质量的重要影响之一就是造成了灰霾、雾霾、光化学烟雾污染等现象。特别是在城市交通拥堵时,汽车发动机中的燃料不完全燃烧,致使有毒有害的汽车尾气成倍增加,其中包含大量直径小于等于 2.5 微米的细微颗粒物,即我们常说的 $PM_{2.5}$。$PM_{2.5}$ 能悬浮在空气中较长时间,它在空气中的浓度越高表明空气污染越严重,致使雾霾天气频发及有毒有害物质骤增。研究表明,雾霾天气易使人们患上诸如慢性支气管炎、哮喘、咳嗽、呼吸困难、肺功能降低等呼吸系统方面的疾病。除了极易引发呼吸系统方面的疾病以外,它也极易引发心血管病,使致畸、致癌、致突变等概率显著提高。由此可见,汽车排放的污染物对空气环境和人体健康都产生了极大的危害。

2. 噪声污染

除了汽车排放物带来的大气污染,城市交通所带来的噪声污染也不容小视。由于经济的发展和生活水平的提高导致车流量增大和车流密的增加,交通噪声已成为城市噪声的主要来源之一。交通噪声是城市噪声中辐射最强、影响面最广的污染源之一。

交通噪声主要是指机动车辆在城市中行驶时所产生的噪声,包括机动车辆发动机、喇叭以及轮胎摩擦路面所产生的噪声。当前引发交通噪声的来源有如下几方面:

汽车鸣笛为交通噪声首要来源,城市公交大客车与大货车所产生的行驶噪声仅仅低于鸣笛噪声,为第二大交通噪声来源。上述两类噪声是由骤增的城市机动车辆导致的交通拥挤造成的。道路交通的噪声源也包括轮胎同路面相互摩擦产生的声音。当汽车时速达到 45~55 km/h 时,轮胎噪声便成为小客车和轻型载重车噪声频谱的首要部分。

机动车数量骤增,路面状况不佳,道路设计规划不合理。根据对多个城市的道路基础设施进行分析可以发现,许多城市的道路数量较少且设计结构十分不合理。即使城市中各主干道与快速道路的建设正在加快进行,但在与各主干道和快速道路相衔接的支路和次干道建设方面却仍十分缓慢,从而导致不科学不合理的路网结构,致使整体效能降低,造成严重的噪声污染。

2011年3月,世卫组织(WHO)同欧盟合作研究中心发布了一份关于噪声对健康影响的全面报告——《噪声污染导致的疾病负担》。报告指出噪声污染已成为影响人类健康的环境因素,其影响仅次于空气污染。除让人感到烦躁、睡眠不好外,还会引发或触发心脏病与耳鸣等疾病,从而缩短人的寿命。

综上所述,随着汽车工业的快速发展与汽车保有量的快速增长,交通污染已成为城市污染的主要组成部分,其带来的大气污染与噪声污染已正在威胁城市居民的身体健康和城市生态环境的安全。

1.2.3 城市交通能耗

依据国内外多个研究机构对中国未来能源总需求的预测,2050年我国能源需求大致在6.7亿~9.7亿吨标准油。在国家整体能源消耗体系中,石油消耗年增长率平均为9.2%,远远超出同期中国能源总消耗年均增长率3.9%。我国能源结构的主要特征是以煤炭居多,而石油偏少,交通运输业却是成品油的主要消耗产业,其主要消耗汽油、柴油、煤油与燃料油等。中国交通运输能源消耗中,70%的消耗为石油,20%的消耗为电能,剩余的则是天然气、乙醇等。

能源是社会经济发展与人类生存的物质基础,如何高效利用能源并节约能源已变成世界各国尤其是发展中国家的发展主题,作为国民经济发展的基础行业,交通运输业已成为我国当前能源消耗最高,也是能源消耗增长速度最快的行业之一。随着城市用地规模扩大、城市骨架不断延伸,城市机动车保有量与交通需求也随之表现为较大规模地增长,致使交通能耗在总能耗中的比例日益增加。

城市道路交通能耗影响因素主要包括以下几个方面:

1. 城市形态

(1)城市空间布局。城市空间布局受经济发展水平、地方文化传统和管理模式的影响。在城市发展过程中,城市交通与空间一直扮演着重要的角色。新交通方式的出现对城市形态产生了很大的影响,城市形态也会改变人们的出行和生活,主要是改变交通方式。此外,城市空间布局也影响城市产业布局,对城市货运配送过程会产生不同程度的影响。

(2)土地开发密度。城市土地的高密度开发可以有效减少机动车出行次数,从而降低交通能耗,进一步减少环境污染。由于土地的高密度开发,城市空间布局更加紧凑,人们的生活、工作场所相对集中,容易造成交通需求集中。紧凑的土地空间布局集中了城市的各个功能区,人们只需步行或慢行的交通方式就可以在一定的空间内居住、工作、购物,满足日常生活和工作的需要,但是也减少了对高能耗出行方式的依赖,在一定程度上降低了交通能耗。

2.交通系统特征

(1)城市交通结构。一个城市的能源消耗所占的比重,可以反映一个城市交通结构和交通运输的发展水平。城市交通结构主要取决于城市经济发展水平和交通需求管理的强度。我国许多大中城市交通能耗的快速增长,主要是由于人们出行对汽车的依赖度越来越高。城市交通系统中的低能耗因素有自行车、公交车、轨道交通等。

(2)道路通行环境。道路通行环境主要包括行车路况和交通环境。比如车辆在平顺的路面上行驶的能耗就比较少。当交通状况相对拥挤时,车辆频繁启动发动机、长期低速行驶的油耗比正常情况下高10%左右。因此,营造安全、有序、畅通的道路交通环境,不仅有利于维护道路交通安全,而且有利于直接降低城市道路交通能耗,加快建设环境友好型社会。

(3)道路基础设施。道路基础设施可被视为影响道路交通量供应的一个因素。考虑到指标的全面性和可行性,以二级及以上公路总里程、城市人均道路面积和车辆数量为计量指标。二级及以上公路总里程是指路况较好的公路(通常为水泥或沥青路面)的总里程,即在公路条件较好的情况下,道路交通量会有一定程度的增加。城市人均道路面积是指城市道路路面的通行能力,如果通行能力差,往往会发生交通拥堵。车辆数量为在一定长度的道路上行驶的车辆数量。

3. 社会经济因素

(1) 燃油经济性。燃油经济性的定义为在增加车辆行驶里程的前提下尽可能减少燃油消耗的能力,一般用燃油消耗量与燃油行程来表示。燃油消耗量主要是指车辆超出载荷上限时,行驶单位里程所要消耗的燃油量;燃油行程主要指车辆满载时,单位体积燃油能够行驶的里程数。我国通常使用行驶百公里消耗的燃油量表示,当前可以使用清洁能源或者提高车辆技术来提升燃油经济性。

(2) 经济活动。为了更全面地衡量经济活动,从各个方面考虑经济活动的影响因素,一般采用 GDP 作为衡量指标。随着城市化水平的提高,人们对经济活动和交通的需求也会增加。因此,城市人口比例可以用来衡量经济活动的覆盖率。此外,人民收入水平的提高将直接推动一系列旅游活动。为了进一步衡量收入水平对经济活动的影响,将采用城镇居民家庭人均可支配收入指数进行分析。

(3) 技术进步与节能政策。受技术和政策因素的影响,难以准确讨论这两个因素。技术进步涉及提高相应设备的能量转换效率、改善供给侧系统、改善燃油喷射方向等具体方面,而节能政策包括改善燃油质量、更新新能源汽车等方面,这两个方面都很复杂。在分析中,可以选择用同一指标来建模技术进步与节能政策的联合影响进行定量分析。

在城市交通系统中,不同交通工具的能源单耗是不同的。对此进行测量计算可得,城市客运体系中不同交通方式的单位能耗从高到低依次是:私人小汽车、出租车、摩托车、电动自行车、公交车,如图 1-5 所示。因此,作为单位能耗居首位的私人小汽车,其快速增长对城市的能源带来不利影响。如果不采用合理有效的措施,上至国家能源安全与保障,下达城市交通系统与环境都会受到较大影响。

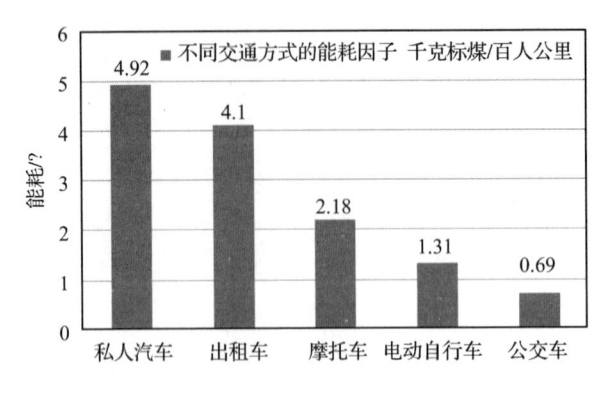

图 1-5　不同交通方式单位能耗

1.3　城市交通问题原因分析

从宏观角度来看,我国不断加速的城市化进程促进我国城市交通发展,进而导致城市交通问题产生。而从微观角度来看,导致城市交通拥堵、环境污染、能耗等问题主要是因为:交通规划缺乏系统性,交通规划相对滞后;公共交通发展滞后,难以满足城市居民出行需求;私家车保有量的快速增长加剧了城市交通供需矛盾;城市居民缺乏绿色出行意识;等等。

1.3.1　交通规划缺乏系统性

城市交通规划是指按照城市规划的功能分区,有计划地引导交通的一系列行动,即规划者如何提示各种目标,如何将所确定的目标落到实处。城市交通规划的概念可以分为狭义和广义。广义的交通规划包括交通基础设施建设与发展规划、交通组织与管理规划、生产经营规划。狭义的城市交通规划仅指交通基础设施建设的发展规划。近年来,为解决交通拥堵问题,各个大中型城市开始进行立体化交通建设。在进行立体化交通建设时,需要对交通建设网络进行合理设计,结合城市整体框架、现有人口数量及地理环境特征,确定交通规划的道路网格。

1.3.2 公共交通发展滞后

从公共交通的系统结构来看,我国大多数城市的公共交通方式较为单一,公共汽车承担了大部分公共交通任务。而公共汽车具有等待时间长、运输时间长、易受恶劣天气影响等劣势。我国目前的城市轨道交通数量少,长度短,尚不能有效地分流城市交通运输。公交投入不足、公共交通基础设施建设相对滞后、公共汽车路权优先没有得到充分保障等问题依然突出,难以满足城市居民日益增长的出行需求。

1.3.3 交通供需矛盾

国际大城市机动化发展普遍遵守人均机动车保有量同人口密度成反比的规律,即人口密度高的地区,因人均道路资源紧张,人均机动车保有量也较低。我国城市机动化具有特殊性,我国私家车数量的快速增长与城市化进程重叠。缺乏相关法律约束,私家车价格杠杆调节不合理,加之城市居民虽然具有购买力,但缺乏科学合理使用私家车的理性心态。这种私家车保有模式,激化了交通供需矛盾,加重了城市道路系统的压力。

1.3.4 居民缺乏绿色出行意识

公众的绿色出行意识淡薄是加剧交通恶化的重要原因。居民选择私家车出行出于私家车的便捷性和舒适性考虑,而忽略了私家车所带来的污染能耗等负面问题。因此,不断强化市民环保意识,多渠道宣传绿色出行,让市民树立少开车的自觉意识,才可以真正实现"绿色出行"。

第2章 绿色出行理论与实践的发展

近年来,能源短缺、环境污染、交通拥堵等问题日益突出,我国可持续发展战略的实施和推广受到了前所未有的挑战。无论是社会还是居民都已意识到改变现有出行方式的必要性和重要性,绿色出行应运而生。

2.1 绿色出行的概念及理论基础

城市居民的绿色出行与城市可持续发展一脉相承。绿色出行强调城市交通的"可持续性",一方面要提高出行效率,另一方面要减少机动车污染排放。因此,绿色出行缘起于城市可持续发展。本节将详细介绍绿色出行的概念及相关理论。

2.1.1 绿色出行的概念界定

1. "绿色"的概念

绿色,最简单地说是一种颜色,但由于其具有自然与生命的独特的象征意义,这个名词被赋予了更加丰富的含义。国际上,"绿色"通常包括生命、环保、节能三个方面。如今,"绿色"既涵盖了一种保护环境的理念,又代表了一种健康积极的生活态度。

绿色理念的提出与一种重要的新型发展模式——可持续发展——有着密不可分的关系。1972年6月,联合国人类环境会议通过《人类环境宣言》,宣言把"为了这一代和将来的世世代代的利益"作为共同的信念和原则,成为可持续发展理念的开端。自此,可持续发展以其全新的理念、特殊的视角以及丰富多彩的方式向人类社会展示它强大的吸引力和伦理高度。近50多年来,可持续发展由理念到概念,由概念到文件,由文件到行动,已逐步成为人类社会发展的重要指针。绿色出行概念提出的主要背景是全球环境问题日益突显以及绿色文化的不断兴起。

随着世界各国应对资源枯竭、生态环境恶化、气候变化等环境问题逐步达成共识和不断加重的节能减排任务,一系列新概念和新政策应运而生。"绿色设计"要求设计师在产品设计阶段考虑产品的可拆卸分解,零部件的翻新、重复利用,既避免资源浪费又保护环境;"绿色生产"则以技术和管理为手段,实施工业生产全过程污染控制以达到污染物最少化;"绿色消费"一方面引导消费者如何判断商品是否符合环保标准,另一方面倡导能源有效使用、物资回收利用以及生存环境和物种保护。

本研究中的"绿色出行"是将绿色与出行方式相结合。绿色理念已衍生为一个具有广泛社会性的前沿经济理念,涉及各个产业和管理领域,为全世界迈向可持续发展的生态文明提供了一条创新道路。

2.出行方式的概念

出行,即外出行走的方式,是交通规划中最为基本的概念。日本的佐佐木纲曾经在《交通工程学》一书中对出行做过这样的定义:人、物或作为运输方式的汽车等自某地至其他地点的移动。其中,个人出行即为人的移动过程。

出行方式是指人、物资或汽车从出发点到目的地的移动方式。出行方式的选择可以反映出行者的行为需求和心理需求。

生活方式绿色化之绿色出行

出行行为是出行者以个人需求为目的,采取一定的出行方式,到达某地点实现出行目的的行为过程。一般来说,出行行为可依据出行目的的不同分为上下班中的出行、工作中的出行以及休闲出行。心理学认为,需求产生动机,动机是直接推动个体活动、产生行为的动力,在个体活动的过程中伴随着复杂的心理活动,并对行为产生影响。因此,出行行为可描述为出行者由于个人需要产生出行需求,而且出行者会根据个人价值观、个人规范、经济条件、交通环境等因素,结合自身出行目的选择适合自己的出行方案。

目前存在多种出行方式,人们能够借助若干交通工具,乃至不需要交通工具进行出行活动。人们根据不同的目的,出于不同的原因,选择不同的出行方式。

以下是城市常见交通工具的优缺点对比:

(1)公共汽车

优点:作为代步工具,速度较步行与骑车快,成本较低,安全性强,环保,人均耗能与排污较低。

缺点:在交通高峰期容易出现堵车状况,无法确保按时到达目的地;车站与车次受限;高峰期车内拥挤,且易发生诸如无座位、偷窃等现象。

(2)地铁/城铁

优点:准时,速度快;安全性强;人均耗能、排污等方面与公共汽车相比较小;乘坐环境较为舒适。

缺点:地铁站与车次有限,并受限于驾驶线路,乘客无法随时随处进行搭乘;高峰期拥挤且花费成本较公共汽车略高,但较出租车便宜。

(3)出租车

优点:无法随时随地搭乘,但相较于公共交通工具而言具备较高的时间、地点控制性;成本低于自己买车养车;搭乘环境较为舒适。

缺点:成本远高于公共汽车与地铁;存在物品遗忘在车上的风险。

(4)骑自行车或步行

优点:成本低;时间可自由控制,即使在上下班的高峰时段,也不会因为堵车而迟到;环保,不消耗生态能源;可锻炼身体。

缺点:受天气限制,风、雨、雪、热、冷都给出行带来不便;在交通高峰期,被动吸入车辆尾气,对人体造成伤害;速度慢,依靠人力,不适合长途旅行;自行车停车位置不易找到;丢车情况时有发生。

(5)自驾车

优点:高私密性;强自主性;高舒适度。

缺点:成本高,要承担养车、停车等费用;高峰期堵车,出行时间仍无法保证;闹市区不易找停车位;需要花费时间与精力对小汽车进行保养与修理;产生的人均排放污染与耗能远超出公共交通工具。

通过对比上述五种出行方式,能够推断出居民对出行工具的选择受限于多种影响因素。

3. 可持续交通

可持续交通是随着可持续发展的提出而产生的新兴交通理念。1992年,在里约热内卢召开的联合国环境与发展会议上通过了《21世纪章程》(以下简称《章程》),《章程》提出了可持续发展的原则;1997年6月,联合国会员国特别会议再一次强调可持续发展的重要性;2002年约翰内斯堡峰会上可持续发展的意义又被各国纳入了发展核心问题,并提出了需要改善当前交通结构,避免消极的环境与健康影响。2016年,联合国可持续交通大会上提出可持续交通在推动可持续发展及应对气候变化方面具有重要作用,应发挥可持续交通来构建可持续未来所需的基础设施,提供获取贸易、就业、市场、教育、医疗、保健等服务的通道,从而提高人们的生活质量,增强女性、残障人士及其他弱势群体的能力。本节主要阐述可持续交通的相关理论。

可持续交通是指实现交通的可持续发展,城市交通可持续发展的实质就是城市交通系统与社会、经济、资源和环境的协调发展。根据可持续发展"既满足当代人的需求,又不对后代人满足其需求的能力构成危害"的观念,可知当前的交通结构威胁与破坏了人类健康和自然环境,是不为大众所接受的。2002年,世界可持续发展工商理事会可持续城市交通研究课题组的研究报告《Mobility 2030》对城市交通可持续发展下了定义,即城市交通可持续发展,是在满足社会对自由移动、获取机会、沟通交往、商品贸易的需求的同时,也不损害现实及未来人类其他基本价值与生态价值的能力。可见,城市交通可持续发展应具备下列属性:

(1)发展性

城市交通可持续发展的前提是发展。为满足人们日益增长的交通需求,城市交通系统应保持相应的增长速度,同时逐步增强其发展质量,应用先进、快捷、安全、舒适以及低资源消耗的交通方式和工具,满足现在和未来多样化、多层次的交通发展需求,成为社会经济发展的助推器,实现与资源环境的协调发展。只有城市交通系统发展到较高水准,才可以为持续发展提供必要的物质基础,才有条件实现持续发展,并在发展中不断解决现有的交通环境难题。

(2)可持续性

城市交通可持续发展的可持续性是指自然资源可以永远为人类所用,不因枯竭而影响子孙后代的生产和生活。可持续性要求人类活动不应超过自然资源和生态环境的承载能力。城市交通系统与城市居民赖以生存的生态环境之间存在着相互依存的关系。首先,城市交通系统占用城市土地等资源,同时消耗能源;与此同时,城市交通系统的发展也为城市居民提供了人和物的移动条件与能力,有效地推动经济发展,促进土地开发和增强城市活力。但城市交通系统也带来了交通堵塞、汽车噪声、振动和尾气污染等公害,从而影响城市居民生活质量。城市交通发展所能利用的资源是有限的,生态环境承载力也是一定的,从城市交通可持续发展的角度出发,城市交通发展应满足以下关系:机动车的发展速度必须同道路资源的发展速度相匹配;应选择最能适应交通需求增长的交通方式;交通对环境的污染不能超出环境的自净能力,应使交通发展速度与环境承载力相协调。

第 2 章　绿色出行理论与实践的发展

(3) 公平性

城市交通可持续发展公平性的内在要求是实现代际和人际的公平，即与后人的公平和与他人的公平相统一。我们所说的代际公平，最重要的便是确保城市交通产生的环境污染不超出城市生态环境的自我恢复能力与自净能力，以保证生态环境能长期为城市居民所利用，不影响后代人的生产与生活。其次，政府规划部门应为交通设施发展保留充足用地，虽然从当下看，预留未来的交通用地使土地开发直接收益有所损失，然而对于一个正在发展的城市而言，其人口、土地的利用程度在增长，道路交通设施规划不仅要考虑近期交通需求，还必须考虑未来发展。我们所说的人际公平需要考虑因个人出行造成的交通拥堵等问题引起的对他人福利造成的损失，以及因机动车噪声、振动及尾气排放等导致生态环境质量下降致使他人生活质量、生活舒适性的降低，从而确保整个社会的成员能够平等地行使运用交通资源与接受运输服务的权利。

(4) 协调性

城市交通的协调性要求城市交通系统实现如下变化：由仅重视局部与当下利益转为追求长期和整体利益；由单纯支持经济增长转向支持社会、经济和生态的持续综合发展；由传统的物质资源发展转向非物质资源和信息资源推动型发展；既重视扩大系统空间容量又将重心放在系统结构的改善上，达到各子系统和网络间协调发展。

城市可持续交通的发展目标可以总结为满足交通需求，优化资源利用，改善环境质量，促进社会和谐，提高安全水平，实现社会、经济、交通、环境的良性循环。具体目标是：满足社会经济发展对交通运输系统的需求；提高交通效率，缓解交通拥堵；促进交通与土地利用协调发展；优化资源利用，提高资源利用效率；减少污染，促进生态系统良性循环，促进社会公平，增加交通选择，提高交通安全水平，整合城市综合交通体系，实现交通方式的快速转变，建立城市交通系统可持续发展的保障体系。

可持续发展的交通模式是环境友好型、资源友好型和居民出行友好型交通模式的有机结合。可持续发展的交通系统应当具有高效、舒适、安全、畅通、资源消耗低、环境影响小和交通参与者可选性大等特征。目前,影响城市可持续交通的主要因素有以下三点:

首先,城市交通基础设施发展情况。交通基础设施指的是为社会产品的运输与居民出行提供交通服务的设施,包括公路、机场、桥梁、隧道、港口和运输管理设施等。目前,我国城市交通工具低水平混合,管理水平不高且技术落后,路况差,极易造成交通堵塞和安全事故,对居民的工作与生活造成了严重影响,对城市社会经济的高速发展起到了抑制作用,达到城市可持续发展的目标仍有较大差距。

其次,城市交通结构状况。交通结构是综合交通体系中各种交通方式所占据的交通量比重。合理的城市交通结构,有助于高效运用城市交通资源,能够最大限度地发挥城市交通系统的整体功能。然而,不合理的交通结构则会导致交通拥挤、高能耗与高污染等情况,从而对城市交通可持续发展起到制约作用。人民生活水平不断提高,使得出行距离不断变长,市民也随之追求更灵活、方便与舒适的私人出行方式,私家车保有量不断增加,但同小汽车的发展速度相比,公共客运交通的发展则较为缓慢。公共交通分担率是指城市居民出行方式中选择公共交通(包括常规公交和轨道交通)的出行量占总出行量的比率,这个指标是衡量公共交通发展、城市交通结构合理性的重要指标。

最后,交通拥堵程度。交通拥堵通常是指一定时间内的交通需求(一定时间内通过某条道路的车辆总数)超过某条道路的交通容量(一定时间内该道路所能通过的最大车辆总数)时,超过部分的交通量滞留在道路上的交通现象。交通拥堵严重的城市主要有北京、上海和广州等。据调查,部分大城市中心城区的行车速度大致为 20 km/h,不论在时间还是空间上,交通拥堵均表现为拓展蔓延的势头。交通拥堵致使城市运转效率下降,运营成本随之加大,城市社会经济的健康发展受到制约。

总之,实现城市交通可持续发展离不开对城市交通基础设施进行改建,对城市交通结构进行调整,对城市交通拥堵的缓解,尤其对城市交通结构的调整是重中之重。通过改变城市居民出行方式,建立起经济、高效、协调、环保、安全、符合城市经济社会可持续发展总体要求的交通运输体系,最终实现所有交通参与者满意度的最大化。交通运输在我国可持续发展的总体要求下,不仅要为社会提供安全优质的运输服务,而且要使资源占用、对环境的破坏及交通安全危害最小化。

总体上说,城市交通系统是一个开放的复杂系统,解决城市交通问题是一项复杂的系统工程。根据城市交通供需特点,采取系统、综合的对策,实现交通供需的动态平衡,应从"三个层次,两个方面"入手。所谓三个层次,一是从城市规划和用地角度出发,避免城市人口和城市功能过度集中,避免城市局部土地过度开发;二是从交通结构的角度,充分利用城市有限的土地资源和交通设施,改善交通环境;三是通过调整道路基础设施,建立合理的路网结构,提高路网的通行能力;另外,通过实现城市交通的科学化、现代化管理,使现有的交通基础设施得到充分有效的利用。所谓两个方面,指的是从交通供给与需求两个方面采取措施,以实现交通系统供需关系的动态平衡。

4. 低碳交通

低碳经济是指碳生产力和人文发展均达到一定水平的一种经济形态,具有低能耗、低污染、低排放和环境友好的突出特点,旨在实现控制温室气体排放和发展社会经济的全球共同愿景。而随着城市化进程的加速,以低碳经济为基础的低碳城市发展应运而生,低碳城市涉及社会、经济、文化、生产方式、消费模式、理念、技术、产品等各方面,其目标是实现经济发展、生态环境保护、居民生活水平提高等。

而碳排放与经济发展密切相关,经济发展需要消耗能源。"碳达峰"就是指在某一个时点,二氧化碳的排放不再增长,达到峰值之后再慢慢减下去;而"碳中和"是指国家、企业、产品、活动或个人在一定时间内直接或间接产生的二氧化碳或温室气体排放总量,通过植树造林、节能减排等形式,以抵消自身产生的二氧化碳或温室气体排放量,实现正负抵消,达到相对"零排放"。2020年9月22日,中国政府在第七十五届联合国大会上提出:"中国将提高国家自主贡献力度,采取更加有力的政策和措施,二氧化碳排放力争于2030年前达到峰值,努力争取2060年前实现碳中和"。2021年3月5日,国务院总理李克强在2021年国务院政府工作报告中指出,扎实做好碳达峰、碳中和各项工作,制定2030年前碳排放达峰行动方案,优化产业结构和能源结构。

世界主要经济体都在探索如何减少交通运输行业碳排放量。根据国际能源署的最新数据,2019年中国交通运输业碳排放总量11亿吨左右,占全国碳排放总量10%;《中国汽车产业发展报告(2020)》显示,2005年到2017年我国交通行业的二氧化碳排放量始终保持稳定增长态势,目前交通领域碳排放占全国终端碳排放的15%。由此可见,交通运输行业减碳减排是实现"碳达峰、碳中和"目标最重要的途径之一。

低碳交通是在满足城市不断发展的交通需求,且不影响交通出行质量的前提下,通过交通需求行为管理、提高交通组织效率等,改善城市交通结构,并通过低碳技术创新、新能源交通工具研发与机动车尾气排放控制技术开发等,减轻能源消耗,将城市交通的碳排放控制在一定范围内,使其实现零增长乃至负增长,或是在城市交通碳排放有所增长的情况下,其平均碳排放(每人每公里碳排放)能够降低,使城市交通和社会经济都能够向低碳化、可持续方向发展。

根据上述对低碳经济与低碳城市的概念分析,可以看出城市低碳交通即"低碳"这一发展方向是呈现在城市交通领域的一种新的发展理念与行为方式,它的本质即倡导采用一种高能效、低能耗、低污染、低排放的新交通发展方式,它想要达成的是在社会经济发展中的平衡,是一种交通同经济共同繁荣的动态平衡。

(1)低碳交通是一种新的发展理念,它反映了社会的进步。发展低碳交通,不仅是为了追求交通碳排放的片面减少,更是为了保证城市居民交通需求的数量和质量不受影响,并且能够满足城市居民日益增长的交通需求。"低碳交通"作为一个理念,应该渗透到社会的各个角落和各行

第2章　绿色出行理论与实践的发展

各业。

（2）低碳交通是一种新的行为方式，科学的交通需求管理可以用来优化出行结构。例如，人们在日常出行时可以搭乘新能源汽车而非传统动力车来实现节能减排，也可以选择诸如地铁、公交等公共交通出行，或者是采用骑单车、步行等方式出行。由此使低碳交通方式在整体交通出行结构中占据优势，对城市低碳交通发展十分有利。

（3）低碳交通发展的重点是提高交通效率，不单单要增强交通能源的利用效率，还要提升整个交通系统方面的组织效率。应采取合理的交通诱导与土地利用措施，以实现减轻城市道路负荷，让整个城市的交通系统运行得以平稳有序，交通出行环境得到改善，城市交通低碳可持续发展的目标得以实现。

（4）低碳交通的发展少不了低碳技术的创新和应用。通过应用交通节能减排技术、新能源开发技术、汽车尾气检测与控制技术等低碳技术，可以有效减少碳排放，并将其控制在一个合理增长范围内，依次向前推进降碳、减碳、零碳进程，从而实现发展城市低碳交通的目标。

5.绿色交通

城市交通可持续发展是城市可持续发展的重要组成部分，是可持续发展在交通运输领域中的具体体现。绿色交通以可持续发展交通观念为基础，向前不断发展形成的协和式交通运输系统，是达成可持续发展的有效手段。从绿色交通与可持续发展的关系考虑，绿色交通又是根据可持续发展交通的理念延伸而来的。从某一方面来看，绿色交通是实现可持续发展交通的有效方式，反过来可持续发展交通则是可持续发展在交通运输领域里的具体体现。交通运输的可持续发展是交通发展的方向，绿色交通是能够实现的交通理念和目标。绿色交通只有符合可持续发展的要求才具有生命力，可持续发展则要通过实施绿色交通得以实现。在可持续发展逐渐成为世界现代交通运输发展主导趋势的今天，绿色交通包含了当前交通运输可持续发展的全部内涵，它正在取代传统的交通理念，融入现代交通规划理念。当然,绿色交通并不等于环保或生态交通,但它有利于环境保护。采用和发展绿色交通能够减少因交通造成的空气污染与噪声污染。它的目标为追求经济的可行性、财政的可承受性、社会的可接受性、环境的可持续性。

(1)绿色交通的概念

绿色交通是一个新理念,也是一个发展目标。这种理念主要在以下三方面呈现:通达和有序、安全和舒适、低能耗和低污染的完整有机结合。Chris Bradshaw率先明确了绿色交通的概念,他认为交通的发展应该以人为本,而非一味地实现机动车辆的可达性,他从自然环境、社会、经济等多方面考虑,将交通方式按照对环境污染的程度进行优先级排序,分别是步行、骑自行车、公共交通出行、合乘车辆、单独驾车。

可见,绿色交通体系是以建设方便、安全、高效率、低公害、景观优美、有利于生态与环境保护、以公共交通为主的多元化城市交通系统。绿色交通深层次上的含义为协和交通,包括交通同环境(生态的、心理的)的协和;交通同未来的协和(适应未来的发展);交通同社会的协和(安全、以人为本);交通同资源的协和(用最小的代价或最小的资源满足交通需求)。绿色交通的概念建立在城市交通可持续发展上,它是实现城市交通可持续发展的一种有效手段,它的发展建立在环境和生态可持续发展理念上,主要手段是降低个人交通工具的使用频率,关键技术在于整合交通和土地利用以及推行公交优先,减少机动车的排放量,强化大众对交通行为的认识等。2018年,国际公共交通协会(UITP)对56个国家178个城市的调查结果发现,在欧洲、亚洲等"绿色交通"方式比例较高的城市,其交通能耗大幅减少,按可比原则,出行费用也低得多。因此我们能够发现,提倡绿色交通出行模式是达成城市可持续发展目标的重要环节。

绿色交通的范围超出了人们通常的认知范围。它不仅包括交通与环境、资源的关系,还包括交通和社会的可持续发展,乃至交通对社会经济的支持。具体来说,绿色交通不仅要满足城市社会经济发展对流动性的需求,实现内部系统的协调,还要满足减少环境破坏、利用可再生资源与

第 2 章　绿色出行理论与实践的发展

外部系统协调的需求。绿色交通的实质是打造一个维持城市可持续发展的交通系统,在满足居民交通出行需求的同时,重视环境保护、资源节约与社会公平。绿色交通具有确切的可持续发展战略目标。它主张用最小的社会成本达成最大的交通效率,适应城市土地利用方式,实现与城市环境相适应、多种交通方式并存、优势互补的目标。

(2)绿色交通的基本特征

绿色交通要求运输系统内部的协调和效率,即在有限的资源条件下使运输系统实现最大的效率。其核心是资源、环境与系统的可扩展性,即从发展战略的高度去认清交通系统发展同资源环境之间的关系。绿色交通具有以下基本特征:

协和性。绿色交通只有在交通系统同土地利用、城市布局、环境保护等外部系统和谐共生的前提下,才可以达成绿色交通可持续发展的目的。一是绿色交通与土地利用相协调。土地使用同城市交通系统间具有较强的相互作用。城市规划必须将绿色交通理念考虑在内,研究城市发展强度同交通容量、环境容量之间的关系,协调土地利用同交通运输系统双方的发展,从而真正实现可持续绿色交通。采用以公共交通为导向的发展模式(TOD)代替原有模式,既能够方便居民出行,又节约了土地资源,有利于环境保护。公共交通用低廉的环境成本达成了较多的人流与物流,并用有限的资源为居民提供了高效优质的服务。由此它应作为绿色交通的必然选择之一。二是绿色交通与环保共生。对环境的关注与人文精神的回归,致使步行与自行车交通成为城市中较为流行的出行方式。在大城市,自行车交通能够与轨道交通或其他公共交通结合。在居民区或城市群中,自行车可以作为一种主要的出行方式,公共交通则可以作为更远距离出行的首选。三是绿色交通公众参与机制。选择绿色交通是一个将交通和生活质量综合考虑的决策问题,这需要社区民众形成共识,重新思考新的价值观,进而选择绿色交通出行作为其生活方式。参与绿色交通的居民会有更为深刻、广泛的体验,对居民而言,绿色交通与其生活密切相关,它是提高大众出行质量与生活质量的有效途径,更为重要的是,居民应增强自身素质,提高自身思想觉悟,建立有节制的交通出行观念,采用绿色交通方式改变自身行为模式。

可持续性。可持续性指人类经济发展与社会发展不应超过自然资源和生态环境的承载范围。社会经济可持续发展的物质基础为自然资源的可持续利用。考虑到人与人以及代际公平的实现,要求人在空间上遵循互惠互利的原则,同心协力,不损人利己,平等合理地发展。城市交通系统是一个由人、车、路与管理组成的互动实体,它同城市居民赖以生存的生态环境存在互动关系。一方面,城市交通系统的发展,如机动车数目的增多,是通过对地球资源和能源的消耗来维持的;另一方面,城市交通系统在为居民供应物质财富(产品或运输服务)的同时,也产生了诸如城市道路紧张、交通拥堵、有毒有害废气排放等负面影响,导致交通服务质量日趋下降,环境不断被污染。由于受有限的资源和生态负荷限制,在发展的过程中应坚持以下原则:机动车发展速度应同道路资源的发展速度相适应;运输服务能力的增强应同运输需求增长速度相适应;对环境的污染程度应同环境的自净能力、恢复能力相协调;对环境的建设速度应同环境的退化速度相协调;等等。这样才可以真正意义上达成城市交通可持续发展的目标。

系统性。根据系统论的观点,充当生命系统的人类与充当支撑系统的自然共同组成了现有的复合系统,其中涵盖着对自然的新态度——以"人是自然的成员"为价值取向的现代生态文明发展模式。发展既包含经济方面的发展,也包含社会方面的发展,以及维护好优质生态环境,提倡人口、环境、社会、经济、资源等协调发展,重视提升涵盖经济效益、人口素质、生态环境质量在内的综合发展水平。城市绿色交通体系的整体性强调整体的可持续发展,强调经济、社会、生态的全面发展,以人为本,发展长远利益和全局利益,开发非物质资源与信息资源,突出系统功能互补、信息开发集约化、综合交通系统总体设计,在注重系统扩展的同时,更加注重系统结构的完善,使每个交通网络不仅合理,同时也与相关网络充分协调配合。

第 2 章　绿色出行理论与实践的发展

绿色交通真正意义上的实现还包括采用环保交通工具,通过采用环保型交通工具,城市环境质量才得以提升,从而将城市改造成更适合人类居住的空间。因此,绿色交通倡导优先发展公共交通,改变人类的出行方式。纵观世界各工业化国家城市交通的发展历程,大都经历了先发展小汽车,后管理小汽车,最后选择优先发展公共交通的曲折道路。

(3)发展绿色交通体系的关键技术——智能化交通管理系统

智能化交通管理系统的基本出发点是运用电子、信息、通信、计算机、GPS、GIS等现代高新技术,改善交通系统中人、交通设施、交通工具之间的有机联系,充分利用交通系统的时空资源运输系统,减少运输成本,提升运输效率。从这个意义上说,智能交通是绿色交通的最佳选择。城市交通管理系统是城市绿色交通系统的必备软件。开发绿色交通系统相关技术(如智能交通系统、电子收费系统),实现环境、未来、社会、资源的协调发展。借鉴新加坡的方法,采用静态车辆配额系统(Vehicle Quota System,VQS)和动态电子道路收费(Electronic Road Pricing,ERP)系统两种方法对交通需求进行管理,同时建立智能交通系统(ITS)。

智能交通系统包括:城市快速路监控和引导信息系统(Expressway Monitoring and Advisory System,EMAS),该系统以电子公告牌的形式在高速公路一侧为用户提供及时的交通信息,避免用户进入过于繁忙或发生事故的路段;车速信息系统(Traffic Scan),通过安装在出租车上的GPS接收机获得不同道路的平均行驶速度,并以此来了解区域内的整体交通状况;先进的公共交通系统(Advanced Public Transportation System,APTS),是通过将各类智能技术用于公共运输业,使得公交系统实现安全便捷、经济化,这是大的目标;路口监测系统(Junction Eyes System,JES),通过安装在主交通路口的远程智能摄像头监控路口的运行状态,当交叉口发生交通事故时,可采用交通信号控制系统及时调整交通流,如改变该路口的信号灯以疏导交通拥堵状况;整合交通管理系统,能够通过整合的方式收集与处理交通信息并通过互联网出具给出行者。

(4)发展绿色交通体系的政策法规建设

绿色交通的实践,需要各级政府开展实际施政行动,进行广泛的群众宣传,也需要全社会的共同参与及配合。具体措施有:大力支持优先发展城市公共交通的政策,适度发展汽车保有和使用政策,严格限制摩托车的使用,鼓励使用环保燃料和交通工具,减少机动车污染;大力促进步行交通发展,根据实际情况,鼓励发展自行车交通政策;制定完善的交通法规,明确各种出行方式的权利与义务。

综上所述,我国应大力发展绿色交通,不仅要从道路规划、交通管制、交通设施等方面建立健全制度,还要从公众绿色交通意识出发,倡导大家选择绿色出行方式。公众也要提高自身素质,转变观念,积极参与绿色交通的实施。

6.绿色出行的概念界定

目前绿色出行在国际上并没有一个统一的概念,各领域学者从不同角度对绿色出行给出了不同的定义。

(1)系统论

1994年,加拿大学者克里斯·布拉德肖(Chris Bradshaw)提出了绿色交通系统,形成了绿色出行概念的系统说,以对环境污染少、土地及资源占用量小为标准确定交通工具的优先级。具体级别分类如图2-1示。

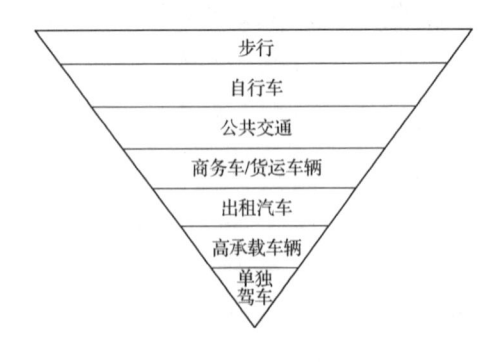

图2-1 绿色出行系统等级

第 2 章 绿色出行理论与实践的发展

(2)发展论

中国台湾是绿色出行发展相对较成熟的地区,台湾大学教授张学孔站在发展的角度提出绿色出行应该是在满足经济发展、人民生活水平有所提高的前提下,符合生态环境承载力的交通出行方式。由我国原建设部和公安部联合出台的《关于开展创建"绿色交通示范城市"活动的通知》(建城〔2003〕169号,2003年8月15日)中提到绿色出行是"以公共交通出行为主导的多元化城市交通系统为目标,以推动城市交通与城市建设协调发展、提高交通效率、保护城市历史文化及传统风貌、净化城市环境为目的,运用科学的方法、技术、措施,营造与城市社会经济发展相适应的城市交通环境",这一理解也体现出发展论的思想。

(3)资源论

一些学者还从资源的合理利用角度对绿色出行进行了定义,定义指出绿色出行要求交通系统内部达到较高的协调性和效率性,即在一定的资源条件下达到出行效率的最大化。

综上所述,对绿色出行的理解包括以下几个共同点:一,要求环境污染小;二,要求资源高效利用;三,要求有利于城市发展及居民生活水平的提高。因此本书在总结不同学科领域的定义后给出绿色出行的概念以及绿色出行行为的判断标准:在城市经济水平有所发展,居民生活不受影响的前提下,采取的资源利用率高、对环境污染少的出行方式。

2.1.2 绿色出行方式及比较

1. 绿色出行的分类

随着我国城市的不断发展,交通方式也越来越多样化,不同出行方式具有不同的特点,表 2-1 对我国目前城市出行方式特点进行了汇总。

我国城市居民日常出行方式按乘坐交通工具的方式可分为两类:私人出行方式和公共出行方式。私人出行方式包括私家车、出租车、摩托车、电动车、自行车、步行等;公共出行方式包括公交车、轨道交通(地铁、

表 2-1　　　　　　　　城市各种出行方式特点比较

特征参数	步行	自行车	电动车	摩托车	公交车	BRT	轨道交通	出租车	私家车
运输速度/(km·h⁻¹)	4～5	10～15	15～20	50～60	15～30	20～40	40～60	20～60	20～60
道路占用面积/(m²·人⁻¹)	0.5～0.7	6～10	6～10	6～10	15～30	20～24	40～60	10～20	20～60
出行费用	无	无	校	大	较小	适中	较大	大	最大
污染程度	无	无	无	大	较大	小	小	大	最大
政策影响	小	小	小	较大	大	大	大	大	大
运输效率	—	—	—	—	大	大	最大	较小	较小
能耗度	无	无	小	较大	较大	较大	较小	大	最大
舒适度	小	小	小	小	适中	较大	大	大	大
便捷度	小	较小	大	大	较大	较大	较大	较大	大
安全性	大	较小	较小	最小	大	大	大	较大	大
噪声	小	小	较小	大	大	较小	较小	较大	较大

轻轨等)、BRT(快速公交)、合作乘车等。按照提供动力的方式可分为：人工动力方式、燃气动力方式、电力方式以及混合动力方式。人工动力方式包括自行车出行、步行等；燃气动力包括汽油动力、柴油动力、天然气动力等；电力包括电瓶动力和电气牵引动力；混合动力包括燃气-太阳能混合动力、燃气-电池混合动力等。不同的出行方式人均排碳量不同，具体数据如图 2-2 所示。

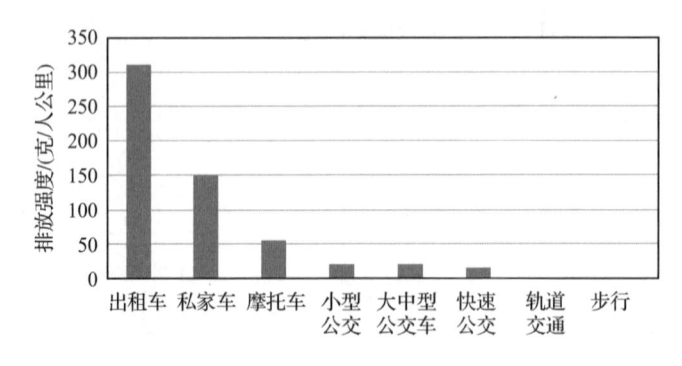

图 2-2　城市客运二氧化碳排放强度对比

第2章　绿色出行理论与实践的发展

按照绿色出行的定义,界定绿色出行行为应从三个方面考虑:一是占用的资源少;二是造成的污染少;三有利于我国城市发展及居民生活水平的提高。由图2-2可以看出,私家车以及出租车的人均排碳量远远高于其他的交通方式,因此被排除在绿色出行方式之外;摩托车在我国大部分城市已经被禁止,且其安全性和舒适度都较差,所以也被排除;小公交、公交人均排碳量较低且消耗的资源较少;步行、轨道交通、快速公交的人均排碳量最低,且对于石油等不可再生能源的消耗量非常低。综上所述,结合我国国情以及发展的需求,本书将除了私家车、出租车以及摩托车出行以外的其他出行方式归为绿色出行的范畴,短距离出行鼓励选择步行、自行车等非机动车,长距离出行可以选择公共汽车、快速公交以及轨道交通等交通工具。下面对几种绿色出行方式进行简单介绍。

(1)自行车出行

自行车,又称脚踏车或单车,通常是两轮的小型陆上车辆。自行车历史悠久,由于其绿色环保的特征,现已成为世界各国,特别是发达国家居民喜爱的交通、健身工具。自行车在我国应用广泛,可以作为环保的交通工具用来代步、出行,还有越来越多的人进行骑行锻炼、自行车出游等。自行车包括很多种类:公路单车、山地单车、儿童单车、驱动单车、折叠单车等。

(2)电动车出行

我们通常说的电动车是将电池作为动力来源,经过控制器、电动机等零部件,实现电能到机械能的转换,来控制电流大小以实现对速度的控制。第一辆电动车于1834年制造,依靠直流电动机驱动。随着技术不断更新迭代,电动车发展到今天,无论是外观还是内在的设计,都发生了巨大的改变,当前的类型也丰富多样。

从能耗角度看,电动自行车只有摩托车的八分之一、小轿车的十二分之一。从占有空间看,一辆电动自行车占有的空间只有一般私家车的二十分之一。从发展趋势上看,电动自行车行业市场前景依然广阔。

电动车按结构类型可分为:电动自行车、电动摩托车、电动独轮车、电动三轮车、电动滑板车、纯电动汽车、增程式电动车、混合动力电动车、燃料电池车。按电力提供的方式可以分成两大类：一是连接外部电源来获得电力，另外就是用燃料电池、储能器件(如储能电池、超级电容)等获得电力。

(3)公交车出行

公交车即公共汽车，指在城市道路上循固定路线，有或者无固定班次时刻，承载旅客出行的机动车辆。公共汽车时速一般在20~30公里，不会超过40公里。一般来说，公共汽车是最为普遍的一种大众运输工具。城市化和机动化的发展，使城市人口和地域不断增加，对公共交通的需求量也快速增长，要求公共交通企业投入更多的公交车。

公交车按照内部构造分为双层公交、单层公交、挂接公交；按尺寸分为大型公交、中型公交、小型公交；按照用途分为普通公交、学校班车、公司班车、快速公交等；按照动力来源分为汽油动力公交、电力动力公交和混合动力公交等。

(4)轨道交通出行

轨道交通(Rail Transit)具有运量大、速度快、安全、准点、保护环境、节约能源和用地等特点。世界各国普遍认识到：解决城市交通问题的根本出路在于优先发展以轨道交通为骨干的城市公共交通系统。在我国《城市公共交通常用名词术语》中，将城市轨道交通定义为"通常以电能为动力，采取轮轨运转方式的快速、大运量公共交通的总称"。

根据中国城市轨道交通协会的统计数据，2018年中国城市轨道交通运营总里程为5 761.4公里，2019年城市轨道交通在建线路总里程达6 902.5公里。其中地铁运营里程5 180.6公里，占比为76.9%；轻轨运营里程217.6公里；有轨电车运营里程417公里；磁悬浮运营里程57.7公里。2019年全年共完成建设投资5 958.9亿元，同比增长8.9%，在建项目的可研批复投资额累计4 6430.3亿元，在建线路总长6 902.5公里，在建线路规模稳步增长，年度完成建设投资额创历史新高。截至2019年底，共有65个城市的城轨交通线网规划获批(含地方政府批复的21个城市)，

第 2 章　绿色出行理论与实践的发展

城轨交通持续保持快速发展趋势。

（5）合作乘车出行

合作乘车是指具有相同或相近出发地以及目的地的居民放弃单独乘车，选择集中乘坐一辆或多辆汽车，使得出行效率提高的一种出行方式。目前合作乘车在我国并未大规模兴起，合作乘车主要通过好友间的沟通或者通过互联网等途径来实现。

2.绿色出行方式比较

通常来说，绿色出行方式可以归纳为步行、使用私人交通工具和使用公共交通工具三种方式。步行是最原始也是最绿色的一种出行方式，但这种出行方式只能在一定时间、一定条件下满足一部分人的出行需求，相对于其他出行方式，受到的限制相对较多。使用私人交通工具主要指通过自行车、电动车、燃气汽车等交通工具出行。由于这种出行方式不但环保，而且经济成本较低，因此更易提倡和推广。使用公共交通工具主要指选择地铁、公共汽车、有轨电车、城市快速公交、出租车等交通工具出行。表 2-2 是城市中常见的绿色出行工具的优缺点对比。

表 2-2　　常见绿色出行工具优缺点比较

出行方式	优点	缺点
步行/自行车	无费用 出行时间和地点自由度高 有益于身体健康	速度慢 出行距离受限 受天气情况和环境质量制约
公共汽车	速度较快 安全性强 费用低	车站和班次有限 受交通拥堵影响，不能保证准时到达 乘车环境较差，可能出现拥挤、无座等情况
轨道交通	速度快、准时 安全性强 乘车环境较为舒适	车站和班次有限，受线路限制 交通高峰期拥挤 费用较公共汽车偏高
出租车	速度快 对时间地点的控制性高于公交和地铁 乘车环境舒适	出行成本远高于其他出行方式

3.绿色出行方式对环境产生的影响

对环境这个概念有很多不同的释义:广义的环境是指"周围的地方"或者"周围的情况和条件";而狭义的环境,从学科的角度来看,不同学科对环境的释义并不相同。生物学将环境定义为生物生存的生态系统、气候条件以及生物种群。而在文学、历史和社会科学的领域里,环境则专指人类生存的外部条件及情况等。从环境保护的角度来看,环境包括地球五大圈(大气圈、水圈、土圈、岩石圈、生物圈)在内的人类地球家园。选择对环境影响最小的出行方式,是绿色出行所要考虑的首要因素,也是绿色出行意欲达成的最终目标。结合绿色出行方式的内涵,本研究涉及的环境主要包括从环境保护角度定义的环境和与社会生活有关的交通环境。

回顾历史,人类对环境的关注是一个不断深化的过程。自1962年蕾切尔·卡逊《寂静的春天》一书的出版,人们的环保意识开始不断觉醒。1972年于瑞典首都斯德哥尔摩召开的"联合国人类环境会议"提出将每年的6月5日定为"世界环境日"。随后于当年10月举行的联合国大会也对该提议表示赞同。世界环境日的提出与建立,是人类环保意识觉醒的象征,也是人类愿意与自然环境和谐共处的美好象征。绿色出行意识的萌芽最早可以追溯到1998年由多米尼克·瓦内发起的"世界无车日"活动。该活动旨在通过降低机动车的使用以提升居民的环保意识。此倡议一经提出,便得到了35个城市居民的响应。一年后,66个法国城市和92个意大利城市参加了第一届"无车日"活动。2000年2月,欧盟将该提议纳入了环保政策框架。

我国最早倡议推行无车日活动是在2007年。据我国交通运输部门统计,通过开展"无车日"活动,一天可节省3 300万升燃油,同时减少约3 000吨的有害气体排放,这便是绿色出行方式的意义所在。"无车日"活动的推行,通过将"乘车"这一出行方式与环境保护相挂钩,不仅提高了人们的绿色出行意识,也将环保变得"接地气",使得越来越多的人愿意参与到环境保护的行动中。

第 2 章　绿色出行理论与实践的发展

除了自然环境,交通环境也是人们日益关注的一大环境问题。目前交通拥挤、道路堵塞、交通秩序混乱等现象普遍存在于全国大中城市的交通环境中。概括起来,目前我国城市交通主要呈现出以下特点:

(1)城市规模日益扩大,运输压力增大

我国自1978年改革开放以来,经过四十多年的发展,经济实力得到大幅提升的同时城市规模也在不断扩大,城镇化进程也在不断加快。城市人口的大量涌动与物资运输需求的不断增长给城市交通系统带来了沉重的负担。

(2)机动车数量增长过快导致道路容量不够

我国经济实力增强的另一象征便是人民收入水平的提高,这一成果的重要体现便是汽车保有量的上涨。据公安部统计,截至2019年底,全国汽车保有量达2.6亿辆,相比2018年增长8.83%。相比汽车保有量的快速增长,道路改建速度则显得相对缓慢,使得道路容量不足以支撑当前不断"膨胀"的交通需求。

(3)公共交通出行结构不合理

目前城市公共交通系统还存在着一些问题亟须解决。比如,尽管目前公交车的数量不断增加,线路也在不断完善,但是相比私家车来说,其在出行速度与舒适便利性方面还存在着一定差距,这也是许多居民在出行时仍不会将公共交通出行放在优先位置的主要原因。

(4)路网不合理,交通管理水平低下

现阶段,我国城市道路建设还存在着密度低、干道间距过大、支路短缺、功能混乱等问题,相比一些发达国家的交通系统还存在着一定差距,也难以满足当前我国交通需求。此外,交通管理设施与管理水平还需要进一步提升以适应当前我国交通发展的需求。

上述交通环境存在的问题,都给城市居民带来了不同程度的影响。而绿色出行作为一种新型出行方式,一方面能够为出行个体提供更为便捷、舒适和高效的出行过程,避免交通环境中的问题,另一方面也能够缓解当前交通环境中存在的交通问题。举例来说,绿色出行典型例子便是快速公交系统(BRT),其性能介于快速轨道交通与常规公交之间,是一种大运量的新型公共客运系统,常被称为"地面上的地铁系统"。BRT具有高效率、低能耗与低污染等特点,其设计体现了以人为本、追求和谐社会的理念,在为人们带来高质量的出行体验的同时,也能够缓解当前严峻的交通环境问题。

2.1.3 绿色出行的相关研究

关于绿色出行的相关研究最早出现于20世纪90年代初,以加拿大学者克里斯·布拉德肖(Chris Bradshaw)提出绿色出行体系为标志,随后引起了人们的关注。20世纪90年代末,为了鼓励人们尽量减少机动车使用,以欧洲和澳大利亚为代表的一些国家开始推行"自愿改变出行行为方案"(Voluntary Travel Behaviour Change,VTBC),这一方案通过强调交通堵塞和交通带来的环境问题的严重性,加强了关于可持续交通方式等信息宣传教育,增进了汽车使用者对环境友好出行方式的认知和实践。2009年,新加坡国家环境局对城市可持续交通的概念与内涵进行了界定,认为可持续交通是指以较小的资源投入、最小的环境代价来最大限度地满足当代城市发展所产生的合理交通需求,并且不危害满足下一代人需求能力的城市综合交通系统。而我国对绿色出行展开研究也始于20世纪90年代,于1995年发表的"北京宣言"为我国鼓励发展公共交通奠定了基础。此后的2000—2002年,我国原国家计委综合运输研究所,以及原建设部城市交通工程技术中心等机构先后组织了4次以"城市绿色交通与城市可持续发展"为主题的学术研讨会;2003年我国原建设部和公安部首次明确了绿色交通的的内涵;2008年中国城市规划设计研究院指出绿色出行这一理念能够为解决历史交通问题,应对近期交通危机指明方向。

总的来说,随着汽车产业不断扩展所带来的资源环境问题越发凸显,人们对于绿色出行给予的关注度也在不断上升。

第 2 章　绿色出行理论与实践的发展

1.国外研究现状

　　由于经济快速发展,许多发达国家较早地进入了汽车时代,因此由于汽车过度使用而带来的一系列社会和环境问题也受到了广泛关注。许多学者意图从理论研究的角度对居民的出行现状、出行方式的选择以及出行行为的改变进行研究,从而为政策制定者提供可靠的数据和理论支撑。

　　国外许多学者从公共交通的完善程度、服务水平以及个人属性等影响因素的角度对出行方式的选择进行了研究。Neil Paulley 等人以英格兰、苏格兰和威尔士的城市陆路交通为背景,探讨了费用、服务质量、收入以及汽车拥有权对公共交通需求的影响。Gabriela Beirão 等人为了深入了解出行者对交通的态度以及对公共交通服务质量的认识,对公共交通使用者和小汽车使用者进行了定性研究。研究结果表明,为了提高公共交通的使用率,应该按照消费者需要的服务水平进行设计,从而吸引潜在的使用者。他们还指出,由于交通方式的选择受到许多因素的影响,因此应分开考虑出行态度和行为,有针对性地运用策略,从而有效地促进行为改变,减少汽车使用。在个人属性影响因素方面,大多学者主要研究视角聚焦于出行者性别、年龄、学历水平、收入水平、职业等。Joachim 通过数据分析发现在驾驶小汽车出行上男性司机的比例高于女性,同时家庭的私家车持有数量也会对出行方式产生显著影响。Prillwitz 等学者同样发现性别与私家车拥有量显著影响着出行方式:相对于男性,女性更愿意采取绿色出行的方式,而私家车拥有量越少的家庭则更愿意选择乘坐公共交通工具来满足出行需求。但学者 Susilo 在对英国居民的出行方式调研时发现,私家车拥有数量的影响作用并不显著。

　　此外也有学者认为,这些影响因素在考虑习惯行为时会被弱化。John Thogersen 在研究中运用结构方程模型探讨了出行方式选择中的行为稳定性。他提出,虽然公共交通工具的使用受到了态度、是否相信出行需求可以得到满足以及是否拥有汽车等因素的影响,但当考虑过去行为时这些因素都会大大被弱化。对于没有汽车的居民来说,他们的行为改变通常与他们目前的态度和认知保持一致,但对有车的居民来说态度就显得不那么重要,并且有车居民对出行方式的选择相比于无车居民是相对稳定的。还有其他学者发现情境因素诸如税收补贴、改善公共交通基础设施建设、对私家车进行限购政策等,心理因素比如环境知识、环境价值观和环境行为倾向等也都会不同程度地对居民的出行方式产生影响。

无论从哪个角度对居民的出行行为进行研究,最终目的都是实现居民出行行为的改变,减少汽车的使用。Elizabeth分别从理论和实践的角度对出行行为改变进行了深入分析。他首先从探究行为改变的动机入手,识别出了行为改变的三个主要原因。

总的来说,由于绿色出行的概念源于国外,相关的研究也起步较早,因此相对于国内,国外的研究成果更为丰富。从已有的研究来看,可以发现国外学者围绕绿色出行展开研究的视角各有不同。在对绿色出行产生影响的因素方面,很多学者都聚焦于某个或者某几个因素来进行研究,对影响因素体系进行系统研究的较少。此外,学者们很少对绿色出行主体城市居民本身所具有的特征或个体差异进行探索与研究。

2.国内研究现状

近年来,我国许多学者开始对居民的出行行为以及出行方式的选择进行探索和研究。居民的出行方式选择及其影响因素是学者们研究的一个主要方向。张文尝、王成金等通过对北京、大连和成都三个城市的居民开展出行问卷调查,对城市居民交通出行特征进行分析,发现城市居民出行总量大幅增长,非基本出行及机动化出行比率上升。另外,他们通过数据分析发现城市规模、居住区位和收入水平是影响居民出行的主要因素。尹静以规范激活理论和计划行为理论为基础,构建出居民出行方式选择意向的理论模型,之后通过对北京市居民的问卷调查,探索出了出行方式选择意向与各影响因素之间的关系及作用机制。徐芹芳、陈萍等通过问卷调查对杭州市居民的环保意识、居民对绿色出行的认知、交通状况以及居民出行方式选择偏好进行了调查研究,结合居民对一系列绿色出行政

第 2 章 绿色出行理论与实践的发展

策的看法,分别针对居民、运输公司以及相关政府部门提出了推行绿色出行的对策建议。史亚东利用大数据背景下的环境关键词的网络搜索量数据和北京市地铁客运量数据,发现公众环境关心对地铁客运量的影响存在随时间发展而日益加强的表现。该影响主要来源于公众环境行为关心、环境态度以及环境政策关心。同时,北京市地铁客运量的变化存在显著的"日期效应",这说明公众选择地铁出行,主要是基于通勤的考虑,公众环境关心水平还尚未成为影响绿色出行行为的首要因素。

随着我国城市居民构成群体的日益多元化,有学者意识到对城市交通出行的规划和管理不能仅仅停留在对居民出行行为的一般了解上,应针对不同群体的行为特殊性展开研究。张政以出行行为相关理论为基础,利用 Logit 模型及比例风险模型等分析方法,对老年人的出行行为进行了预测。赵建有、袁华智等人以低收入人群为研究对象,结合非集计模型,构建了低收入人群的出行方式选择模型,并选取调研数据对模型的准确性进行了验证。郝京京等对有儿童通学需求的家庭进行研究,结果表明与小汽车出行方式相比,行为意向对家长选择定制出行方式的影响更大,定制出行方式的普及更多取决于家庭的接受和依赖程度;时间和成本并非是家长选择定制出行方式的首要考虑因素。张萌则在研究中对女性人群的通勤出行行为予以关注。他首先构建了不同性别出行者通勤出行链的类型选择模型,对不同性别出行者通勤出行链的选择差异进行了比较。其次,运用非集计理论构造了不同性别出行者对不同交通方式的选择行为模型,并利用回归系数对他们的选择行为进行了解释,进而总结出不同性别出行者的通勤出行方式选择的原因。

除了从居民行为的角度开展研究外,也有学者对国内出行政策进行研究,或通过研究国外实施绿色出行的政策与措施,结合国内形势,意图为我国绿色出行的发展提出具有借鉴意义的启示。例如,欧国立等学者认为通过收取燃油税费来减少私家车的使用是一种很有效的方式。杨冉冉、龙如银等学者围绕与基础设施建设有关的政策研究发现,通过提高公共交通基础设施建设水平,比如设置更多的公交车专用道、完善非机动车道和步行车道建设等能够显著提高居民对于选择公共交通出行的偏好。张雪峰等通过研究中国十四个城市近 10 年的面板数据,发现政府可以利用公共交通定价策略影响消费者偏好,从而实现能源消费结构的优化。刘宇伟通过分析澳大利亚、日本和英国在减少汽车出行以及交通管理方面的共同举措,为我国减少汽车使用提出了建议。胡垚、吕斌通过分析 12 个国际大都市在实行低碳交通过程中的经验,归纳总结出 5 种低碳交通的策略,深入分析了各自的优缺点和使用条件,并以此为基础提出了我国大都市现阶段的主要低碳交通策略。

综上所述,我国学者对绿色出行的研究大多集中在居民出行方式选择、不同人群出行特征以及相关政策研究上,并没有在分析居民出行特征及选择的基础上进一步对如何实现现有出行方式向绿色出行方式的转化进行深入研究。另外,虽然有学者认识到不同人群的出行特征不尽相同,但他们基本依照性别、年龄、收入等单一人口统计变量对人群进行了划分,缺少从行为特征的角度对不同人群的整体认识和研究。

2.1.4　绿色出行的理论基础

绿色出行概念的提出和理念的形成是人类在社会实践中的产物。这一概念从实践中诞生,随着相关研究的开展,其内涵得到不断丰富后又逐步上升到理论高度,最后形成相对完善的理念来指导现实问题。此外,对绿色出行的研究又是一个典型的跨学科研究,具体涉及生态学、社会心理学、人际行为理论等,本节对以上绿色出行涉及的基础理论加以论述和阐明。

1. 绿色出行的心理学基础

社会心理学认为,行为是道德、情感、社会及规范等众多因素的集合。虽然影响和决定行为的因素非常复杂,行为转变较为困难,但合理考虑价值观、态度、个人规范和习惯等内部因素及生活方式、物质环境等外部因素,抓住个人行为规律,充分利用社会环境趋势及个人影响,便可在适当措施的干预下实现个人行为转变。

心理学作为一门研究心理活动和行为的科学,其基础研究目的就是描述、解释、预测和影响人的行为。心理学领域对行为转变的研究由来已久,已经形成了一套成熟的行为转变理论,用以研究个人行为模式转变背后的原因,指导人们认识和寻找改变行为的相关因素,达成行为转变的目的。

行为转变理论以心理学研究成果为基础,在探索行为转变原因的过程中经历了从单方面强调行为主体自身因素到综合考虑自身与环境因素的过程。早期新古典经济学中的"经济人"假设就是理性行为的研究基础,但该理论忽略了道德、情感、认知、社会规范与期望等社会心理因素对行为的影响。随着学者们对行为转变模式的不断探索,行为转变理论得到了进一步的完善,逐步形成了计划行为(Theory of Planned Behavior,TPB)理论、价值-信念-规范(Value-Belief-Norm,VBN)理论、态度-行为-情境(Attitude-Behavior-Context,ABC)模型等一系列经典的、各有侧重的行为转变理论及模型。

行为转变理论起源于心理学,但不局限于心理学领域的应用,近几年被广泛应用于教育、健康、环境甚至社会营销中,特别是在环境行为领域中的应用,不仅为环境行为转变奠定了理论基础,更使行为转变理论在实践中得以丰富。基于行为转变理论,可以更加全面、综合地认识在环境行为转变过程中内部因素和外部因素的综合作用,为实现环境行为转变提供理论支撑。因此,借鉴心理学等社会科学的研究成果,人们通过行为转变理论对环境行为进行了更加细致的描述,从不同角度展现了行为转变理论的发展成果。

(1)决策过程理论

决策过程理论是指研究行为具体形成过程的理论,对于该领域的研究,理性行为理论与计划行为理论是应用最为广泛的理论。理性行为理论(Theory of Reasoned Action,TRA)是由美国学者Fishbein和Ajzen于1975年提出的,该理论通过开发一系列量表以及大量的实证调研得出人的主观感受与实际行动之间的关系。该理论以人是理性的为基础假设前提，认为人的主观感受包括两个方面：一是与该行为相关的态度(Attitude Toward Behavior,ATB)，即通过经验或信念做出判断认为实施该行为是应该的/好的/正确的或不应该的/坏的/错误的；二是主观规范(Subjective Norm,SN)，即人们认为对自己有影响的人对自己行为期望的感知。然而这些因素并不能直接影响行为，而是影响人们的行为意愿，人们最终对自身行为做出决策的依据是行为意向。该理论解释了行为决策前对信息的整合、分析以及对行为所产生后果的评估、判断导致产生行为意愿最后实施某项行为的过程，结合人的认知系统构建了行为决策系统以及理性行为理论模型，如图2-3所示。

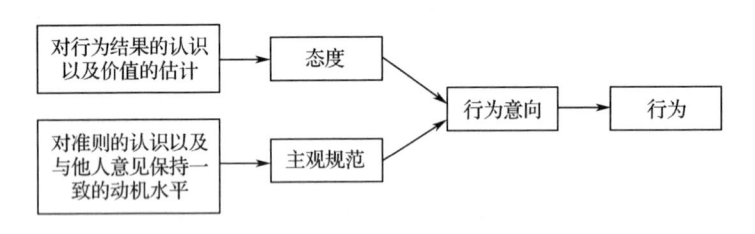

图2-3 理性行为理论框架

图2-3中行为意向(Behavior Intention,BI)可以预测人的行为(Behavior,B)，行为意向又受到态度(ATB)以及主观规范(SN)的影响。其具体的决策过程可以通过式(2.1)推导得出：

$$B \approx BI = W_1 \cdot ATB + W_2 \cdot SN \tag{2.1}$$

式中：W_1、W_2分别代表权重。

式(2.1)表明，行为意向基本可以代表行为，态度和主观规范分别与相应权重的乘积的加和可以推断出行为意向。权重是通过经验判断得出的，根据行为的难易、参与人数的多少、行为所导致的后果等的不同取值而不尽相同。该理论曾被应用于很多环境行为的研究中，并证实对环境行为具有一定的预测能力。Ajzen于1991年对理性行为理论进行了改

第2章 绿色出行理论与实践的发展

进,在此基础上加入了情境因素,形成了计划行为理论(Theory of Planned Behavior,TPB),以考虑除个人认知以外的客观因素对行为的影响。理性行为理论与计划行为理论在环境行为和消费者的购买行为等领域的研究得到广泛应用。如 Bamberg 和 Ajzen 利用该理论对居民出行方式选择进行研究,通过分析得出居民的出行行为是一种理性的行为选择,理性行为理论对该行为是有预见性的。

理性行为理论在很多研究中被证实对行为具有较强的预见性,但是仍存在一定的局限性:一方面,该理论认为人在行为决策前所掌握的相关信息和知识是充分的、完整的,且外在因素不会影响行为实施产生的后果。基于此人所持有的态度和主观规范完全建立在已有的认知水平及过去的经验判断上,不会因其他因素的改变而改变。而事实并非如此,多数时候人们对事物的了解是片面的,所掌握的信息是不完整的,且行为的后果及周围人的期望是随着外在条件变化而变化的。另一方面,该理论以人是完全理性的为前提,也就是人的行为意愿完取决于到个人主观分析、推理、判断,不会受到外界因素的干扰。实际上,所有行为都或多或少依赖于外部环境,一些行为甚至完全依赖于外部环境而存在。

经过分析可以看出,预测人的行为单靠理性行为理论是不足的,特别是本书研究居民的出行行为,并非凭借个人内在因素可以完全做出决策的,交通环境、政策环境等都是居民日常出行所必须考虑的因素。

(2)影响因素理论

影响因素理论是指研究形成某种行为的影响因素的理论。早在20世纪初,著名社会心理学家库尔特·勒温(Kurt Lewin)就开始了对于人类行为影响因素的研究,他结合多种学科知识提出行为转变理论——场论(Field Theory),指将个体行为变化视为在某一时间与空间内,受内、外两种因素交互作用的结果。"场"的灵感来源于物理学概念,一个人在某一时间所在的空间为场,同一场内的各个分元素彼此之间相互影响;当某些分元素变动时,其他所有元素都会受到影响。他用场论来解释人的心理与行为,并用数学表达式来推导行为的变化:

$$B = f(PE) \tag{2.2}$$

式中　B——Behavior 行为；

　　　P——Person 个人；

　　　E——Environment 环境；

　　　f——function 函数。

环境指的人类所知觉到的物质环境，包括物质环境中的所有事件；个人是指人的所有认知，包括感情、信念、态度等。勒温认为这些元素不仅会影响人的行为，各个元素之间也会产生相互的影响。他的这一理论为后人对行为转变的研究提供了基本思路，在对环境行为的研究领域中也有许多学者借鉴了其研究思路，如 1987 年 Stern 和 Oskamp 在研究如何管理稀缺的自然资源中提出了一个环境行为模型，模型指出人类的环境行为受到一系列相互关联的内环境因素的影响，个人因素包括与环境行为相关的信念、态度、认知等，环境因素包括约束环境行为的制度、经济结构等。之后 Guagnano 等学者于 1995 年对该模型进行改进，提出了 Attitude-Behavior-Condition 理论（简称 ABC 理论），目的是预测特定环境行为。该理论指出居民的环境行为（Behavior，B）是个人所持的态度变量（Attitude，A）和外部条件（Condition，C）相互作用的结果，并运用数学中的坐标象限图来解释三者间的关系，如图 2-4 所示。

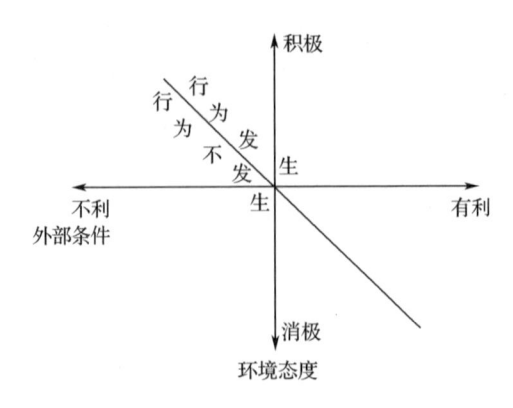

图 2-4　ABC 模型

图 2-4 中纵坐标代表环境态度,正向表示持有积极的环境态度,负向表示环境态度消极;横坐标代表与环境行为相关的外部条件,正向表示对行为有利的条件,负向表示对行为不利的条件。虽然 ABC 理论仅对环境行为的影响因素做出了粗略界定,但是其意义在于明确了环境行为也会同时受到环境因素和个人因素的影响,并且用关系图解释了内环境因素相互作用的关系,为日后对环境行为的研究拓展了新的思路和方法。

(3)价值-信念-规范理论

价值-信念-规范(Value-Belief-Norm,VBN)理论是 Stern 等学者于 1999 年结合心理学中的价值理论(Value Theory,VT)、规范激活(Norm Activation Model,NAM)理论和环境社会学的新环境范式(New Environmental Paradigm,NEP)理论,以环境行为为例提出的解释个人环境行为动机的理论,并于 2000 年建立了价值-信念-规范模型,如图 2-5 所示。

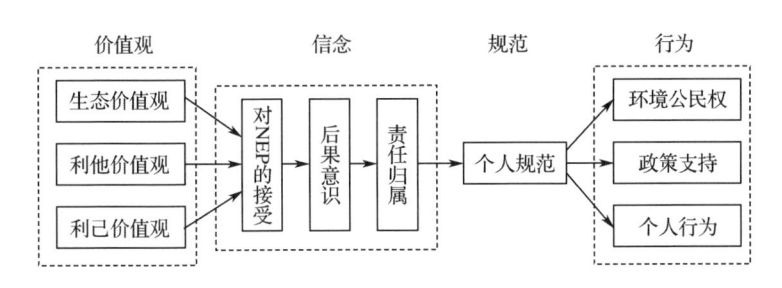

图 2-5 价值-信念-规范模型

VBN 理论通过因果关系将价值观、信念和新环境个人规范三个变量连接起来。在这个因果关系中,从较为稳定的价值观(利他价值观、利己价值观、生态价值观)开始,到关于人与环境关系的信念(NEP),再到个体对价值对象的负面后果造成威胁的信念和责任归属,最后激发个体采取正确行动的环境责任感,每个变量都可以直接影响下一个变量或直接影响更后面的变量。

VBN 理论深入分析了从稳定的价值观到特定的信念,再到个人规范和行为之间的因果关系。Schwartz 在他的价值观理论中描绘出了人类价值观的地形图,指出人类的不同活动是建立在不同价值观上的。Stern 通过实证分析从 Schwartz 建立的价值观体系中提炼出与人类环境行为最为相关的三种价值观:利他的、利己的和生态的,首次明确了环境价值观的类型及作用。规范激活理论是 VBN 理论的另一个重要理论基础,该理论的核心是个人规范,认为个体的亲社会行为源于个人规范的激活,当个体承认没有执行亲社会行为将给他人造成不良的后果并且个体感到对这些不良后果负有责任时,个人规范将被激活。

VBN 理论早期关注与环境破坏有关的价值观和信念,之后引入了责任归因的信念,并加入个人规范及环境行为。目前,VBN 理论已被广泛用于环境行为动机的研究中,并成为一种有效的解释环境支持行为的方法。

(4)习惯行为理论

习惯被认为是一种程序性策略,用于减少与选择相关的认知努力,尤其是在条件较为稳定的环境中。它允许我们以较少的思考和有限的意识执行我们的常规操作。有证据表明,习惯是众多环境行为(出行行为、购物模式、家务、废物处理、休闲活动等)中的一个关键构成因素。2001 年,Aart 和 Dijksterhuits、Bamberg 和 Schmidt 等人对不同国家的居民对交通模式的选择进行了研究,结果表明用习惯性行为、旅行模式比用效用理论和道德理论对出行行为的解释力更强。

习惯是通过重复和强化形成的。Andersen 在研究中提出了习惯形成的两个主要阶段:第一阶段,包括与选择或行为相关的信息处理(如接触到某一品牌咖啡的信息)。在这一阶段,态度和情感反应是重要的信息,因为新的品牌挑战了现有的选择信息,但购买行为此时并没有发生改变。第二阶段是知识编译阶段,即把信息转换为一种程序在实践中被不断选择。当行动本身得到明确的正强化(如咖啡的味道令我满意)后,随着时间的推移,在类似的情况下就会减少认知努力而重复操作,并最终被锁定在一个新的行为习惯中。

习惯的强度受两个因素的影响。首先是行为的重复次数,更经常重复的动作强度会更强。例如,改变一周一次的咖啡购买行为要比改变一年一次的度假行为难得多。其次是人们从中接受强化的强度和频率。

虽然习惯在稳定的环境中稳定存在,然而在有些情况下,某些习惯会与人类的长期利益、社会规范或期望产生冲突。在这种情况下,若非不利的信息足够令人感到不安,习惯将不会被改变。尽管如此,学者们通过一系列具有一致性的理论和经验,为改变"坏"习惯提供了一些新的方法和视角,并希望得到政策制定者的支持。

图2-6是不同学者提出的两种习惯改变的路径,从这两种路径中可以发现一个基本共识,习惯行为转变历经现有行为模式的"解锁",新行为模式的"选择"和新行为模式的"形成"这一过程。对习惯改变的研究不仅提供了解决根深蒂固的习惯性行为的方法,也克服了与描述性社会规范相关的行为的"锁定",并得到了其他社会学理论观点的支持。更重要的是,它得到了很好的经验数据支持。例如,它为全球行动计划的"家庭行动"项目提供了知识基础,使其成为最成功的在家庭层面鼓励和支持亲环境行为转变的项目。

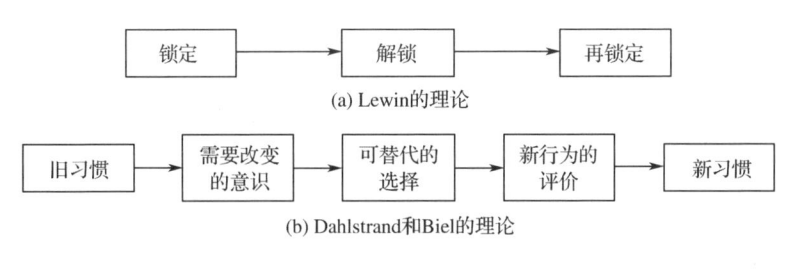

锁定 → 解锁 → 再锁定
(a) Lewin的理论

旧习惯 → 需要改变的意识 → 可替代的选择 → 新行为的评价 → 新习惯
(b) Dahlstrand和Biel的理论

图2-6 两种习惯改变路径

2.绿色出行的生态学基础

"生态学"一词源于生物学,是指生物体和环境的相互关系。随着生态学的观点从自然环境领域发展到社会学、心理学领域,生态学特指人与

生活方式绿色化之绿色出行

其所处的物质环境与社会文化环境之间的相互交流、相互作用。因此,生态学更多地被看作一种思维方式和行动指导模型,以生态学模型的形式呈现。

生态学模型的发展可以追溯到心理学领域,其哲学基础是:人不可能存在于真空之中;人的行为也不可能发生于真空之中。Skinner 是早期对行为的生态学分析研究做出较大贡献的心理学家之一。他认为,在可观察的环境中先于行为和行为之后发生的事件控制了行为。他的这一观点对目前一些生态学模型的早期研究产生了重要影响。Lewin 将人的行为描述为人与环境的函数。人的行为既与个人特征有关,也与其所处的环境有关。Barker 在其长期的研究中提出了行为场合(Behavior Setting)的概念,即行为发生的物质环境和社会环境。他认为,行为场合的特征与各种心理状态和行为有强联系。Bandura 是社会认知理论的重要贡献者,他在强调认知在人类学习中的重要地位的同时也创造了交互决定论。他认为,人的行为是认知、行为和环境等因素相互作用的结果。

生态学模型有三个基本原则。第一,多维性。我们的行为受到个体因素(心理、认知、情感、知识等)、社会文化因素(家庭、同辈、组织机构、社区、公共政策等)以及物质环境因素(天气、气候、地理位置等自然环境,信息、娱乐、科技环境等人工环境等)的多重影响。第二,多维因素的交互作用。如图 2-7 所示,影响人类行为的多维因素处于不断变动之中,并相互影响。第三,环境对个体的多重影响。人是生态系统中的一部分,可以单独存在于系统之中,也可以存在于家庭、单位、社区乃至人群等不同水平的系统之中。因此,环境对人的影响也可以体现于人际、组织、社区和社会等不同层面。不同于传统的行为转变理论往往将行为转变归结于个体因素,生态学模型以生态学为基础,用全面的眼光理解和审视行为转变的相关因素。生态学模型认识到物质环境、社会文化环境等环境因素对人的行为转变的影响,它强调从各个层面综合考虑行为的改变,进一步完善行为转变的因素。

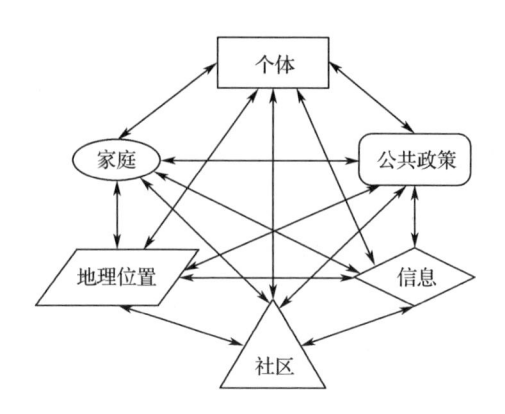

第 2 章 绿色出行理论与实践的发展

图 2-7 多维因素的交互作用

3.绿色出行的人际行为理论基础

1980 年,Triandis 在理性行为理论(TRA)的基础上提出了人际行为理论,如图 2-8 所示。Triandis 认为社会因素和情感在意图形成的过程中都起到重要作用,还强调过去的行为对现在行为的重要性。基于这些观点,Triandis 提出了人际行为理论,认为意图是行为的直接前因,习惯影响行为,但这些影响都受到促成因素的调节(外部环境因素)。

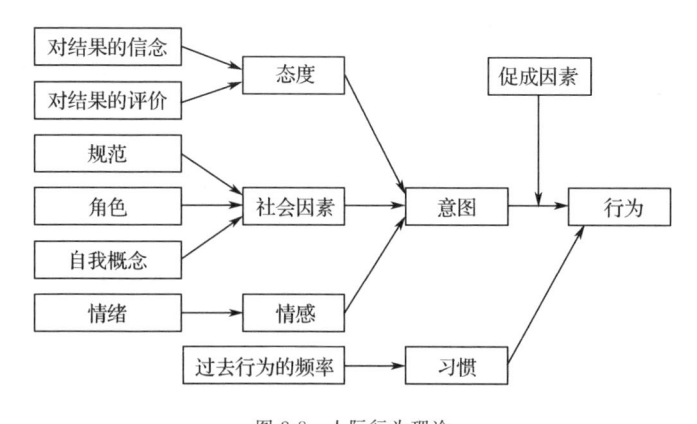

图 2-8 人际行为理论

意图因素被认为具有三个不同的前置条件:态度、社会因素和情感。

55

态度指对行为结果的预期。社会因素包括规范、角色和自我概念。规范就是一些告诉人们什么该做什么不该做的概念化的社会规则。角色是在人群中有特定地位的人的一系列合理行为。自我概念是个人对自我的认识,即自己认为我想要追求的目标是什么,我自己想做或不想做的行为是什么。Triandis 是少数几个提出情感因素对行为意图有明确作用的学者之一。他指出,情感对决策的输入或许是无意识的,受对特定情况的本能行为反应的支配。该理论中提出的这些因素得到了社会心理学理论、社会认同理论以及自我差异理论的证实和支持。

与理性行为理论不同,Triandis 指出意图不是唯一能够预知行为的因素,是需要习惯和促成因素作为补充的。正如前文所说,习惯多为一定情况下无意识或机械性的行为,习惯一旦形成就将成为一个强有力的行为预测因素,因为习惯性越强,人们在执行这一特定行为时的思考就越少。促成因素是客观环境中执行一项行为容易或困难的客观因素的集合。有学者认为它类似于 ABC 理论中的情境因素,包括政策法规、广告、物质诱因和成本以及可获得技术等。在 Triandis 的理论中,促成因素是预知行为的重要条件。即使当意图非常强烈或习惯非常稳定时,如果客观环境中的促成因素存在障碍或被阻止,行为通常也难以发生。

总之,正如 Triandis 所说,行为在任何情况下都是意图、习惯性反应和情境限制条件的函数。意图受态度、社会因素和情感因素影响的同时,也受理性思维的影响。在该模型中,行为主体既不是完全深思熟虑的也不是完全自动的,既不是完全自主的也不是完全社会的。行为虽然受到道德信念的影响,但这些影响受到情感驱动和认知局限的限制。

综上所述,人际行为理论模型是预测人类行为的一个综合性模型,它综合考虑了行为主体的内在属性(态度、情感、个人规范等)和外在属性(政策制度限制、社会规范等),并加入了习惯对行为的影响。此外,人际行为理论也被认为是与亲环境行为联系最为密切的理论。Bamberg 和 Schmidt(2003 年)利用人际行为理论研究出行者的汽车使用行为,并发现道德信念和习惯对汽车使用有较强的解释力。

2.2 国内外绿色出行的法律政策调查

许多国家为应对汽车过度使用带来的石油资源短缺、环境污染以及交通拥堵等问题,较早地实行了一系列绿色出行项目,从政策、基础设施、信息宣传、完善服务等方面入手,试图改善居民的出行方式,并得到了良好的实践效果。

2.2.1 绿色出行国外法律政策

随着环境污染的加剧,很多发达国家和地区为使居民实施绿色出行,改变过去的出行理念和方式,采用交通需求管理(TDM)理念,从而使得小汽车的出行率降低,鼓励居民绿色出行。根据TDM,发达国家设立的政策主要可以分为两类:硬政策和软政策。其中,硬政策主要是指通过出台一些政策措施达到将小汽车出行数量控制在合理范围或减少出行数量的目的。目前各国推行的硬政策主要有提高燃油税、限制汽车购买等,主要涉及限制性的政策。而软政策则与硬政策所具有的"强硬性"特点截然不同,主要采取意识引导的方式,通过进行大力宣传教育提高居民的绿色出行意识,最终使其落实绿色出行的行动,主要涉及鼓励性政策与支撑性政策。

1.限制性政策

(1)权力限制性政策

权力限制性政策是指在限制采用小汽车的购买与使用时主要通过行政手段来进行干预。目前我国采取的此类措施主要有汽车限牌与汽车限购,其主要目的都是控制机动车数量的增加以缓解交通压力,减少汽车尾气排放以改善空气环境质量。

最早采用汽车限购限牌措施的城市是上海。自1994年起,为控制私家车总量,上海开始在中心城区实施新增私家车额度以投标拍卖的方式

生活方式绿色化之绿色出行

获取这一限制性政策。相对于上海,北京是第一个实施汽车限购的城市。2010年12月,北京颁布了《北京市小客车数量调控暂行规定》(北京市人民政府令第227号,2010年12月23日),规定中指出北京市将对每月新增的机动车上牌照额度全部采取摇号制,同时规定二手车交易中,不可以将车牌一同转让。此后贵阳、广州、石家庄、天津、杭州与深圳这六个城市在吸取上海与北京经验的基础上都纷纷出台政策实施"半摇号、半拍卖"等措施以控制机动车总量。

除了汽车限购,一些国家还通过控制或减少汽车停车位的使用这一政策来限制小汽车出行,比如日本东京。此外,美国通过限制公务用车的方式来限制数量大且使用频繁的公务用车。

(2)经济限制性政策

经济限制性政策主要是指通过提高采用小汽车出行的经济成本的方式限制汽车购买与使用。现行的一些具体措施主要有提高小汽车的购车成本、汽车燃油税、停车费与采取拥堵收费等。

目前,许多国家都采取了不同的措施来提高汽车的购车成本,比如新加坡与丹麦。我国在第十三届全国人民代表大会常务委员会第七次会议通过的《中华人民共和国车辆购置税法》(中华人民共和国主席令第十九号,2018年12月29日)中明确规定,在我国境内购置汽车的单位和个人是需要缴纳车辆购置税的。此外,许多欧洲国家通过提高燃油税的税率来限制小汽车的使用。通过收取价格高昂的停车费用提高人们的用车成本也是目前使用较为广泛的一个措施。比如在东京的中心城区,停车费的计费方式是按分钟收取的,收费水平平均为每十五分钟150～400日元,而在美国曼哈顿,收费水平则更为高昂,非固定停车位的使用费用大约为每小时20美元。

汽车使用量急剧增加带来的问题之一便是城市道路拥堵,因此许多国家针对这一问题专门制定了解决措施——实施拥堵收费。最早推出这一措施的是新加坡,其于1975年起将以市中心为中心点覆盖600公顷的区域划为拥堵收费的区域,对进入该区域的车辆每天收取3新元的费用。

第 2 章　绿色出行理论与实践的发展

随后,英国伦敦于 2003 年开始对市中心的车辆收取这一费用,且在控制车辆方面取得了显著成效,2007 年 3 月,伦敦扩大了收费区域。我国深圳于 2007 年开始对交通流量大、拥堵现象严重的华强北商业区实施了这一收费措施。

2. 鼓励性政策

与带有"强制性"限制性政策不同,鼓励性政策的目的主要是引导人们转变思想观念,积极主动地自愿采取绿色出行方式。鼓励性政策最主要的措施就是进行绿色出行理念的宣传教育。现阶段绿色出行的实施率不够高,一方面是人们顾及便利舒适性,另一方面是人们观念上存在的偏差。不少人还存在着这样一种观念,即认为乘坐公交或地铁这样的公共交通工具或选择步行及自行车出行是收入较低人群的选择,倘若自己选择这类出行方式,是"有失颜面"的。转变这类人的观念,鼓励性措施相对限制性措施来说,更具有效力。目前许多国家都在推广绿色出行这一理念:澳大利亚的南珀斯于 1997 年开始推行绿色出行的个人化营销策略,而日本则在 1998 年通过学习澳大利亚的 TFP 项目对日本民众进行宣传教育,两者皆取得了不错的成效。我国各省市结合自身情况,采取了各类宣传教育方式。比如哈尔滨、四川和山西等省市于 2020 年举办了绿色出行宣传月和公交出行宣传周的启动仪式;北京市交通委员会、北京市生态环境局联合高德地图、百度地图共同启动"MaaS 出行绿动全城"行动,基于北京交通绿色出行一体化服务平台(MaaS 平台)推出绿色出行碳普惠激励措施。

3. 支撑性政策

为推动绿色出行,除了要推动绿色出行主体——居民——做出改变,提升绿色出行的基础设施等也显得尤为重要。因此还需要制定并实施一系列支撑性政策。例如,为给绿色出行者提供相对私家车更为便利舒适的出行体验,可以建立健全高质量的、智能化的交通系统,同时对城市交通布局进行合理规划。

智能与智慧的公共交通系统可以保障居民的绿色出行。目前许多绿色出行率高的国家或城市,如东京、纽约等,都有着相对发达与完善的公共交通系统。随着信息技术的不断发展,发展智慧交通已经成为我国公共交通当前发展的主流趋势。目前,河南郑州、湖南长沙与福建厦门等城市,已经实现了路段实时获取公交车的位置与速度等即时数据,此外公交车还能够与交通信号控制系统进行实时的数据交互,以实现"截短红灯,延长绿灯",提升通行质量。2019年,中共中央、国务院印发《交通强国建设纲要》,明确提出要大力发展智慧交通,推动信息技术与交通运输行业的深度融合。此外,为贯彻落实城市公共交通优先发展战略,2015年交通运输部明确要求进一步加快推进城市公共交通智能化应用示范工程建设。

此外,建立科学合理的城市规划布局同样非常重要,采取适应城市交通发展的规划布局,有利于缩短居民出行的距离,科学地对车流量进行分流,避免交通堵塞。

2.2.2　绿色出行国内法律政策

我国对"绿色交通"理念践行较晚,与城市交通相关的政策法律体系目前还处于建立完善阶段,总体而言,我国城市绿色公共交通的政策法律体系尚需完善,目前,仅以政策规范为主,并无专门性立法;此外,大部分专门的政策规范等级相对较低,而相关性政策规范涉及的领域较多,因此具有较大的发展空间[73-74]。目前,国内相关的绿色出行法律、法规及政策如下:

1.《加快推进绿色循环低碳交通运输发展指导意见》

《交通运输"十二五"发展规划》(交规划发〔2011〕191号;2011年4月13日)以及《公路水路交通运输环境保护"十二五"发展规划》(交规划发〔2012〕18号,2012年1月13日)中均提出了交通运输行业应实现可持续发展的目标,此外,后者还将交通运输环境保护的发展规划落实到公路和水路领域。2013年,交通运输部发布了《加快推进绿色循环低碳交通运输发展指导意见》(交政法发〔2013〕323号,2013年5月27日),并指出

第2章 绿色出行理论与实践的发展

"将生态文明建设融入交通运输发展的各方面和全过程",从而实现交通运输绿色发展、循环发展、低碳发展。在《加快推进绿色循环低碳交通运输发展指导意见》中,第12条是关于优化运输结构的表述,在该表述中重点强调了"优先发展公共交通,大幅提高公共交通出行分担比例"。第15条是关于优化城市交通组织的表述,指出"优化城市公共交通线路和站点设置,科学组织调度,逐步提高站点覆盖率、车辆准点率和乘客换乘效率,改善公共交通通达性和便捷性,提升公交服务质量和满意度,增强公交吸引力"。第16条是关于引导公众绿色出行方面的规定,该条规定指出"积极倡导公众采用公共交通、自行车和步行等绿色出行方式,合理布局公共自行车配置站点,方便公众使用,减少公众机动化出行;加强静态交通管理,推动实施差别化停车收费;综合运用法律、经济、行政等交通需求管理措施,加大城市交通拥堵治理力度"。上述规定直接涉及城市公共交通问题,并且在文件中明确提出完善绿色、循环、低碳交通运输法规标准,如《公路水路交通实施〈中华人民共和国节约能源法〉》(交通运输部令2008年第5号),这在一定程度上表明我国交通运输管理部门在政策层面已经开始行动。

2001年,国家第一阶段机动车排放标准开始实施,为进一步强化机动车污染防治工作,从源头减少排放,落实《国民经济和社会发展第十三个五年规划纲要》有关"实施国Ⅵ排放标准和相应油品标准的要求,原环境保护部、国家质检总局于2016年12月23日发布《轻型汽车污染物排放限值及测量方法(中国第六阶段)》(标准号:GB 18352.6—2016 代替 GB 18352.5—2013),公布了第六阶段轻型汽车的排放要求,并于2020年7月1日开始实施。

2.《城市公共交通指导意见》

2012年,国务院提出了《国务院关于城市优先发展公共交通的指导意见》(国发〔2012〕64号,2012年12月29日),目的是推进城市公共交通优先发展战略。该意见提出,要形成城市公共交通优先发展的新格局,而要实现该目标需要将公共交通发展放在城市交通发展的首要位置;在各个方面,如规划布局、设施、建设等,落实保障措施,着力提升城市公共交通保障水平。该意见还提出,要建设综合交通枢纽;丰富公共交通工具形式;优化换乘中心功能和布局,提高站点覆盖率;从而不断提升公共交通工具的出行分担比例,确定公共交通在城市交通中的主体地位。此外,该意见还提到要不断完善价格补贴机制;建立健全技术标准体系;推行相关制度,如交通综合管理制度、健全安全管理制度以及绩效评价制度等可持续发展机制等;不断规范重大决策程序。指导意见明确了我国城市公共交通的绿色发展,提出按照资源节约和环境保护的要求,以节能减排为重点,大力发展低碳、高效、大容量的城市公共交通系统,加快新技术、新能源、新装备的推广应用,倡导真正绿色出行。

此外,为深入贯彻落实城市公共交通优先发展战略,充分发挥城市公共交通对改善城市交通状况、促进经济社会协调和可持续发展的作用,交通运输部组织编制了《城市公共交通"十三五"发展纲要》(交运发〔2016〕126号,2016年07月25日),在总结"十二五"期间城市公共交通发展成绩和主要问题的基础上,分析了"十三五"时期面临的新形势和新要求,明确了城市公共交通发展的总体思路、发展目标和重点任务,它是"十三五"时期推进城市公共交通优先发展的指导性文件。

另外,交通运输部和国家发展改革委印发关于《绿色出行创建行动方案》(交运函〔2020〕490号;2020年7月24日)的通知,明确通过开展绿色出行创建行动,倡导简约适度、绿色低碳的生活方式,引导公众优先选择公共交通、步行和自行车等绿色出行方式,降低小汽车通行量,整体提升我国绿色出行水平。

3.节能规划

国家发展改革委于2004年5月1日发布了较为系统和明确的低碳政策规范——《节能中长期专项规划》(发改环资〔2004〕2505号)。其中提到"统一规划交通运输发展模式,制定符合我国国情的交通运输发展整

第2章 绿色出行理论与实践的发展

体规划。特大城市要加快城市轨道交通建设,形成立体城市交通系统,大力发展城市公共交通系统,提高公共交通效率,抑制私人机动交通工具对城市交通资源的过度使用",该部分内容与城市绿色交通直接相关。2008年,交通运输部制定了《公路水路交通节能中长期规划纲要》(交规划发〔2008〕331号,2008年11月04日),该规划纲要以2015—2020年为目标年,提出"推进公客运体系建设,发展公共交通,提高客运服务品质,引导公众出行方式,完善公共客运服务体系,全面提升客运服务品质,积极引导私人交通转向公共交通,降低全社会的能源消耗水平"。此外,我国在2011年发布了《公路水路交通运输节能减排"十二五"规划》(交政法发〔2011〕315号,2011年07月08日),在该规划中明确大力推行公交优先战略,并提出要建立以公共交通为骨干的绿色出行系统。2016年,交通运输部发布《交通运输节能环保"十三五"发展规划》,提出要把绿色发展融入交通运输发展的各方面和全过程,加快建成绿色交通运输体系。

此外,铁道总公司、中国民航局、工业和信息化部等与交通运输业相关的其他管理部门也制定并实施了有关节能减排的部门规章,如2009年7月1日起开始施行的《新能源汽车生产企业及产品准入管理规则》(工产业〔2009〕第44号,2009年6月17日),由工业和信息化部制定;2010年1月1日起开始施行的《轻型汽车燃料消耗量标示管理规定》(工装2009第50号,2009年8月5日);2009年1月开始实施的《节能与新能源汽车示范推广财政补助资金管理暂行办法》(财建〔2009〕6号;2009年1月23日),由财政部和科技部制定。

4. 环境保护

2011年,原环境保护部发布了《国家环境保护"十二五"规划》(国发〔2011〕42号,2011年12月15日),该规划的主要目标是"减少新增污染物排放量,并鼓励发展节能环保型交通运输方式";"开展机动车船氮氧化物控制";"加强交通基础设施建设中的生态监管"。我国城市公共交通项目的规划环境影响评价要以2009年实施的《规划环境影响评价条例》(国务院令第559号,2009年8月21日)为标准。此外,为防治地面交通噪声污染,指导交通和居住等基础设施合理规划建设,促进经济和社会发展,环境保护部在2010年发布了《地面交通噪声污染防治技术政策》(环发〔2010〕7号,2010年1月11日);为治理大气污染,国务院于2013年9月印发了《大气污染防治行动计划》(国发〔2013〕37号,2013年9月10日),该计划主要在强化移动源污染防治时提出要实施公交优先战略,从而提高公共交通出行比例,并不断加强步行、自行车交通系统建设,该计划被称为"史上最严厉"的防治大气污染的行动计划,也是我国第一个国家级别的治理大气污染的行动计划。

2.3 国内外典型绿色出行实践及启示

2.3.1 国外典型绿色出行实践

在部分发达国家,政府积极采取措施应对车辆增多带来的交通问题。由于土地资源紧缺,人口密度高,新加坡政府长期推行绿色交通模式,形成了以公共交通为主导的城市综合交通体系。2001年,新加坡为鼓励绿色汽车的发展提出了绿色汽车退税计划;2012年,新加坡推出新的碳排放汽车计划,对于高排放车辆实行高额附加,而对于低排量新购汽车、出租车以及进口二手车提供相应的折扣。伦敦也先后颁布了道路拥挤收费政策(2003年)、公共交通优先政策(2004年)、低排放区收费政策(2008年)等政策法规,以应对严重的交通污染及拥堵等问题,并取得一定的成果。

美国是世界上私人小汽车拥有量最多的国家。长期以来,美国奉行以小汽车出行为主的交通政策,并受这一政策支配规划使用城市用地,郊区化已成为普遍现象,随之而来的是城市中心衰退,公共交通品质下降,并由此引起交通拥挤、空气污染、交通事故等一系列社会矛盾。为解决大城市的交通拥堵问题,美国主要通过两套交通政策来平衡个人行为与系统优化。其中,在交通激励方面:通过收费改革,改善对乘客的态度,进行市场调控等手段,不断完善公共交通系统,提升公共交通的竞争优势。在汽车抑制方面:采取正当合理但又富有挑战的交通减排政策、经济举措,如停车结构优化、停车收费以及道路收费等。出行者一般在选择出行方式时,会对汽车出行的直接成本与公共交通票价进行比较,公共交通补贴在改变居民出行交通方式选择方面具有重要作用。如果向汽车使用者收取部分固定成本和外部成本,那么他们可能会转向选择公共交通方式。这就是收取燃油税、停车费、道路收费和类似费用的目的。一些大城市的公共交通依赖于地铁和区域有轨交通,并辅之以地面公交(东京、纽约、北京)。但是地铁-地面公交组合之间通常也需要某种中运量的交通方式,以适当的成本实现高覆盖率。美国许多城市修建了轻轨,它的性能比地面公交高,投资成本比地铁低。而且,与柴油地面公交相比,轻轨更具可持续性,使步行区域更加宜居。快速公交是一种已被成功应用的,相对低质却较易实施的交通方式。

未来的机动化是一种可持续的机动化,这种机动化需要合理的交通规划并且要符合现代城市社会的特征。在德国柏林,年轻人出行更倾向于步行、自行车以及公共交通,且德国年轻人的小汽车保有率正在下降。出现这种结果的原因主要有三个:一是人们意识到公共交通、步行和自行车出行能够改善环境;二是出于经济上的考虑;三是小汽车在德国已不再是身份地位的象征。在柏林,自行车出行可谓一大亮点。骑行,对柏林人来说,不仅是一种出行方式,更是一项体育运动,一种时尚。在政府与公民的共同努力下,柏林的自行车交通比例在过去几年不断提高,2017年已达到15%。而步行也是柏林城市的一大特点。在柏林,通过建设步行友好型环境、加强机动化管理与交流以及进行安全与无障碍设计,柏林接近30%的出行方式为步行,柏林的步行规划使全民受益,人们每年、每天、任何季节都会步行。小汽车交通方面也在推行模式转变。在政策的拉动下,进一步减少中心城区小汽车交通,具体措施包括停车管理、新的发动机技术和车辆概念(电动汽车)及小汽车租赁(使用权代替所有权),以达

生活方式绿色化之绿色出行

到未来城市中小汽车的使用更少、更多样化及更理性。在道路空间再分配方面,由于小汽车只占日出行量的1/3,却占2/3的道路空间,因此带来了自行车空间被压缩,交通方式之间的矛盾激化,公交受制于拥堵,降低了居住和生活质量等一系列问题。为此,柏林实施了如设置小汽车租赁站点,借助自行车租赁点以及电子收费设施等措施,在一定程度上缓解了道路矛盾问题。通过重新设计道路,扩大道路容量(如大规模交通集聚的影响),发现潜在空间,重新规划设计,加强持续的经验交流等方式亦可持续降低小汽车流量,实现空间再分配的宏伟目标。

韩国首尔推崇公交优先。通过改善公交车线路/运行系统、基础设施、辅助系统等,提升乘客满意度。首尔市区为实现更快、更可靠的公交运行,设有中央公交专用道12条,全长114.3千米,采用按路程计价的综合收费系统。30分钟内,公交换乘和公交－地铁换乘免费(最多使用5次),设有交通卡/智能卡系统,公交计算系统、地铁计算系统将数据汇总到韩国智能卡公司交易数据中心。经过对交通运行数据的分析、处理、融合,形成实时通信系统,进行科学交通监管,达到综合交通管理的目的。首尔完善的公交管理系统,首先借助雷达等探测设备将实时的公交位置信息、发车间隔以及运行信息等反馈给首尔公交管理系统;其次,首尔公交管理系统借助互联网实时将公交运行信息、路线和换乘信息反馈给公众,与此同时,将公交运行信息、公交运行数据库反馈给公交公司。

在德国,大约130个市、自治区采取了清洁空气行动计划,采取大量措施改善空气质量,比如推广自行车、步行和公共交通;合理进行城市规划以减少出行需求;城市道路限速每小时30公里;加强停车管理;禁止重型车辆通行;指定低排放区域,在德国已有超过50座城市指定低排放区域,以此改善区域空气质量,保护公众健康。低排放区是指污染严重车辆被限制进入的区域或道路,低排放区通常是解决城市空气污染问题最有效的措施,旨在减少低排放区的污染排放,主要是可吸入颗粒物、二氧化氮和间接臭氧。所有进入低排放区的车辆都需要贴有标签,包括外埠车辆。柏林低排放区分两个阶段实施。第一阶段:2008年1月1日,没有标

第2章 绿色出行理论与实践的发展

签的车辆禁止进入低排放区;第二阶段:2010年1月1日,只有有绿色标签的车辆允许进入低排放区。低排放区覆盖市中心地区,面积88平方公里,关系超过110万居民,以当地的轨道交通环线为界限。柏林低排放区政策的实施取得了以下效果:加速车型结构向清洁型转变;加装颗粒物过滤器车辆数增加;绿色标签车辆比例增加1.5到3倍;与通常情况相比,柴油颗粒物排放减少58%,二氧化氮减少20%;考虑天气情况影响,对人体有极大毒害的粉尘颗粒物减少50%,道路二氧化氮浓度减少5%。如今,作为"绿色交通"之都,柏林在绿色出行方面所做的努力,促进了德国碳排放取得成效。国际能源署发布的《2019年全球二氧化碳排放量情况》显示,德国碳减排下降了8%,减排量位列欧盟第一。其绿色出行比例最高,交通安全方面做得最好。同时,柏林具有良好的基础设施,高校和科研机构云集,能够支持创新和可持续城市的发展趋势(灵活性大、小汽车依赖小、言论氛围活跃)。此外,德国人可持续城市交通的蓝图是:道路为行人、自行车以及咖啡厅提供充足的空间。私人车辆很少,路边停车现象微乎其微;机动交通慢行,道路交通事故极少;社区提供商店、学校、绿地,并且彼此之间路程很短;生活区、工作区和商业区与公共交通连通;大部分市民使用自行车、公共交通或者合乘出行,私人机动车保有量很少;电动汽车广泛应用;城市居民安居乐业。这些都成为世界大城市发展的目标。

还有许多国家在促进绿色出行方面制定了针对本国有效的措施,表2-3简要列举了一些国家和城市推行绿色出行项目的情况。

表2-3 　　　　　　　　　国外绿色出行项目

国家/城市	项目	主要措施	成果
英国	更明智的选择	1.为学校和工作场所制定出行规划 2.提供个性化出行规划和公交信息 3.提高绿色出行意识 4.合作乘车及汽车会所	城市高峰期交通量减少了21%,非高峰期减少了13%;非城市高峰期交通量减少了14%,非高峰期减少了7%,总体交通量减少了11%

67

(续表)

国家/城市	项目	主要措施	成果
丹麦	绿色出行周	1.提供必需的物质保障,如改善交通条件,大力发展公交系统等 2.发挥基层社区作用,如开展居民出行习惯调查,完善公共交通系统服务等 3.加大宣传力度	13%的丹麦人参加了本次活动,超过一半的公民了解本次活动的意义
日本	出行反馈项目(TFP)	1.针对学校、居民区、工作场所的出行特点制订计划 2.对不同人群实行个性化营销和交通融合项目 3.通过面对面访谈、有规律的电话、邮件和信函的方式,与参与者保持沟通	汽车使用量减少18%,公共交通出行量增加约50%
波特兰	智慧出行项目	1.绿色游线:集体徒步、骑行波特兰、老年漫步、女士骑行 2.绿色通勤:在工作场所附近增加停车架,提供自行车路线图,对倡导绿色通勤的企业实行减税奖励	二氧化碳减排23 586吨,节省直接成本11亿美元,时间成本15亿美元
斯德哥尔摩	零排-低排汽车项目	1.地方政府激励机制:对使用清洁能源汽车的个人免停车费,与企业联合推出宣传和试驾活动 2.国家激励机制:对生产厂商给予税收优惠,政府用车为清洁能源汽车,制订清洁能源汽车的生产标准和推广计划	全年二氧化碳减排200 000吨
巴黎	共享电动汽车项目	在巴黎市和周边市镇设立电动汽车租赁站,市民及游客可凭卡片取车	已为25 000人次提供2 000辆电动汽车

表2-3中列举的不同国家或城市的绿色出行项目中既包括从信息支持、设施完善、政策激励等多角度实施的综合性项目,也包括针对清洁能源使用以及提供绿色交通工具租赁等专项行动。由此可见,许多国家已在推动城市居民出行方式改善、减少汽车使用方面进行了成功的探索和实践,能对我国绿色出行项目的推广起到重要的借鉴作用。

2.3.2 国内典型绿色出行实践

随着我国经济的快速发展,人、车、环境三者之间的矛盾日益凸显,我

第2章 绿色出行理论与实践的发展

国也进行了一系列推广绿色出行的探索。2006年6月1日,中国国际民间组织合作促进会(简称"民促会")和美国环保协会在北京联合发出倡议,呼吁全社会为北京的蓝天和自身的健康选择"绿色出行"。至2007年6月,绿色出行项目已在全国20多个城市得到推广,绿色出行渐渐进入了人们的视野。以2008年北京奥运会为契机,北京市政府以及民间组织陆续开展了多项以"绿色奥运"为主题的绿色出行活动。在2010年上海世博会、广州亚运会以及2011年深圳大运会期间,绿色出行相关活动成了赛事活动之外,承办城市向世界展示的一张绿色名片。表2-4简要列举了近年来我国以大型赛事活动为背景举行的绿色出行项目。

表 2-4　　　　近年来我国在大型赛事活动期间的绿色出行项目

时间	活动名称	主要活动内容
2008年北京奥运会	绿色奥运,绿色出行	联合企业鼓励员工上下班绿色出行;签署"绿色出行承诺书";制订并严格执行"绿色出行方案"
2010年上海世博会	世博绿色出行	面向企业、学校、车友会及社区开展"世博绿色出行宣讲""绿色出行承诺卡""绿色出行穿越长三角""绿色出行游世博""绿色驾驶讲座"等一系列活动
2010年广州亚运会	畅享绿色出行,迎接激情亚运	发布《绿色出行指南》,减轻观赛人潮造成的交通压力,提高在亚运会期间广州市内交通基础设施的利用效率;发行亚运绿色出行羊城通低碳卡,见证人们为亚运碳减排所做的努力和贡献
2011年深圳大运会	低碳大运,绿色出行	新能源汽车穿越深圳;在社区、学校、企业开展低碳300+宣讲活动;开展针对深圳新能源汽车示范运行解决方案的巡展;发布深圳绿色出行报告
2016年杭州G20峰会	杭州骑游最美三江两岸活动	共100余人参加了为期3天的骑游活动,号召公民加入绿色出行队伍,助力低碳生活
2019年党的十九大	绿色出行行动计划	切实推进绿色出行发展,坚持公交交通优先发展,努力建设绿色出行友好环境、提高绿色出行方式吸引力,增强公众绿色出行意识
2021年成都大运会	绿色出行	共享单车遍布成都街头,推广年轻、探索的生活模式,在49个场馆和大运村中提供单车作为场馆间的通勤工具,让更多人践行低碳环保的生活理念

生活方式绿色化之绿色出行

受到在国际赛事期间绿色出行活动的启发,我国许多城市也针对自身的特点进行了尝试,陆续在城市内推广了不同类型的绿色出行项目,详见表2-5。

表2-5 我国部分城市的绿色出行项目

城市	活动名称	主要活动内容
北京	"MaaS出行,绿动全城"	推出绿色出行碳普惠激励措施,通过给予市民绿色出行结束后获得的相应碳能量所转化的多样化奖励,进一步激励市民更多地采取绿色出行
厦门	绿色、安全、文明出行"停用少用,绿色出行"	倡导私家车主自愿申报停驶时间,公务车、黄标车实行强制停驶。践行"绿色出行"理念,以实际行动支持参与"绿色出行"活动
苏州	绿色出行月公共自行车系统	设立2 000多个停车点,提供6万余辆自行车 结合公交、城管、交警、社区共同选定服务点 财政投入确保基本零收费 举办绿色出行知识竞赛活动,开展绿色出行、安全教育现场活动,邀请市民实境体验绿色出行实践教育课程
沈阳	绿色出行日	每月22日定为绿色出行日,沈阳市63个市直机关的机关干部承诺停驶私车3 068辆,193个企事业单位承诺停驶公车1 600辆,市民承诺停开私家车5 961辆
青岛	绿色出行宣传月	普及绿色出行知识,向市民宣传绿色出行,使市民了解绿色出行的高效便捷

杭州市作为绿色出行的典型城市,2008年5月1日,杭州市率先推出公共自行车出行系统,解决公交出行的"最后一公里"问题,投入首批公共自行车和61个存放点,到2015年10月公共自行车达到8万辆,日最高租用量达到44.86万人次;此外,滨水慢速交通网络系统的开发,公交"门到门"的布局规划,使得在小汽车数量飞速增长的时代,杭州市绿色出行率维持在较高水平,2019年支付宝大数据发布的调查报告显示,杭州在全国十大绿色出行城市排名中位列第三。龚勤在对居民出行意愿的调查研究中发现,居民实施绿色出行行为的意愿排名最高的是杭州市。此外,自2008年5月试运营以来,公共自行车服务在杭州市逐步发展完善,截

第 2 章 绿色出行理论与实践的发展

至 2015 年,服务超过 6 亿人次。杭州市的公共自行车交通服务系统发展已比较成熟,最初只有 60 多处服务点、2 800 多辆自行车,但截至 2015 年 10 月已经发展到拥有 3 354 个服务点、8.41 万多辆自行车的规模,在一定程度上缓解了杭州市交通拥堵问题,促进了杭州市环保低碳城市建设。杭州市市民以及来杭州市的中外游客对自行车这种便捷、绿色、时尚的出行方式接受度越来越高。在 2015 年的杭州,每隔 300 米左右,就能找到一个公共自行车服务网点,市民出门就有车骑;主城区租还车时间延长到 24:00,24 小时服务点增加到 200 个,让市民随时能骑上车。基于目前公共自行车平均租用时间可以计算得出杭州市的自行车公交服务系统每年会节约大约 18 400 吨燃油,仅 2015 年 1 月到 10 月,为杭州减少二氧化碳排放量 12.69 万吨,在一定程度上有利于杭州市实现城市节能减排以及低碳经济发展。

香港公共交通系统以多元化的公共交通服务满足居民多样性的出行需求,公共交通是香港的主要出行方式。为此,香港运输总署介绍,香港地少人多,在城市规划上,每个小区基本上都有足够的社区设施提供生活所需。因此一般在生活需求上,市民往往只需步行 5 至 15 分钟便可到达目的地。政府为减少碳排放量,降低城市居民对交通工具的依赖,积极发展切合地区及市民需要的行人过路设施,包括行人天桥及隧道网络;积极扩展铁路网,提高公共运输网络的效率,从而减少市民使用私家车的意图,鼓励市民以步行的方式往来不同目的地。此外,政府为确保交通的顺畅,会按月监察车辆增长的数据,并利用财政及交通管理的方法调节交通,其中,财政措施主要包括征收车辆首次登记税以及每年的牌照费,征收电子道路收费等。

为发展绿色出行,上海采取了如下措施。第一,适度超前投入。2004 年到 2014 年,上海道路、桥隧和轨道交通等交通投资规模从占 GDP 的 2.4% 上升到 4.1%。快速路的道路里程占到了 7%,道路交通流量占到了 36%。截至 2021 年 6 月,轨道交通系统拥有 19 条线(含磁浮)、772 公里、中心城轨网密度 0.79 km/km^2,计划到 2023 年,形成包括 23 条线路在

生活方式绿色化之绿色出行

内,全长1 154千米的轨道交通网络。交通枢纽共四类,其中A类(对外交通)4个,B类(轨道换乘)40个,C类(停车换乘)16个,D类(地面公交换乘)13个。总共73个客运枢纽,集航空、铁路、高速公路、轨道交通、公交、出租等多种交通方式于一体。第二,适度调控汽车保有量及使用。控制机动车的保有量:截至2020年,上海机动车保有量为440.1万辆,较2019年年底增加24.3万辆,增幅为5.8%,增长幅度相对较小。适度限制车辆使用。上海实施了晚高峰外省市号牌车辆限行,摩托车限行区等措施。坚持公交优先。通过采取公交优先政策,上海市中心城出行方式中公共交通占到了47.2%(含出租车),非机动车占24.8%,公共交通得到了优先发展。其中,公共交通出行方式中公共电车占46%,轨道交通占35%,公共电车和轨道交通承担了大量的公共交通出行,这两大公共体系能耗少,污染小,使得上海在排污节能方面取得了比较大的成效。推进智能交通建设。推行实施智能交通系统,在道路上设置智能显示屏,指导交通。此外,上海市还积极推广新能源汽车。根据上海市城乡建设和交通发展研究院发布的《2020年上海市综合交通运行年报》的统计,2020年上海新能源汽车推广量为12.1万辆,创历史新高,累计推广量已达42.4万辆。

三亚市人民政府办公室出台了《三亚市慢行交通专项规划》,该规划明确三亚市将发展与景观结合良好的滨海、滨河和城市慢行系统,提升城市"可欣赏、可游览、宜生活"的休闲旅游环境。在三亚,选择骑车上班的市民越来越多,尤其是电动自行车,已逐渐成为居民主要的中距离出行工具之一。三亚市极力发展快行交通,修桥、拓宽机动车道,但慢行空间逐渐被压缩,如人行道被挤占,机动车道与非机动车道混行严重等。"慢行交通"指的是步行或者自行车等以人力为空间移动的交通,步行系统和非机动车系统是城市慢行交通系统的组成部分。发展城市慢行交通系统,益处很多。首先,"慢行交通"在一定程度上能够提高道路资源利用率;但只有城市的慢与快的交通系统相互协调,才能缓解城市快行系统的交通压力。其次,"慢行交通"是最为绿色环保的出行方式,步行和非机动车道的发展可促进城市节能减排。2020年8月,三亚市首条"非机动车绿道"在春光路试点。

自2009年6月份开始,一群人发起了关心广州自行车出行环境,关注广州公共自行车服务的行动,这群人自称"拜客"。他们成立了一个叫作"拜客广州"的行动小组,时刻关注广州的自行车出行现状,并为推动绿色出行而努力。在2010年1月,"拜客·广州"行动小组向时任广州市市长送了一辆自行车,并成功将市民希望有更安全和便捷的自行车出行环境的诉求向其传达。时至今天,"拜客"一词已经成为"热爱自行车出行,使用自行车出行人群"的代名词。同时,"拜客·广州"小组关心环保、关心社会,并用其实际行动推动社会发展的这一"拜客"精神也得到越来越多人的认可。现在,"拜客·广州"小组认为,"拜客"一词代表着一群关心环保、践行低碳生活、崇尚健康理念、具有创意和活力的年轻人,他们拥有城市主人翁精神,关心社会,愿意用自觉行动去推动社会发展。

昆明市政府致力于将昆明市打造成为国内领先,具有国际水准的"公交都市",希望能够构建"三位一体+一慢"城市大公共交通服务网络体系。其中,以轨道交通为骨干、城市公共汽车为主体、出租汽车为补充、慢行交通为延伸,从而实现"为市民提供方便周到、快速准时、经济舒适、绿色环保、安全可靠的优质公共交通服务"这一目标,并引导昆明市民首选公共交通出行。

2010年,《海口绿色慢行休闲系统规划》计划未来海口将结合旅游需求、健身运动、休闲娱乐等特点,建立覆盖全市的慢行休闲绿道网络,建成"公交+慢行"的绿色慢行休闲系统,形成以无碳能源的自行车、轮滑和步行为主,公共交通为辅的绿色出行方式,将海口打造成一个可以享受慢调生活的"慢游城市"。此外,根据规划,该系统以无缝衔接的公交体系为线,借用串珠式结构,将绿色慢行系统中各自完整的观赏景点、景区串联在一起,共同组成"一环三带多心"的结构,凸显生态绿色,营造宜居环境,构建娱乐、休闲的城市特色。到2014年,六个景观慢行段全部建设完成,达到了"蓝脉串珠口,绿道连景域,山水共天色,人人乐其中"的城市效果。

生活方式绿色化之绿色出行

在高德地图联合国家信息中心大数据发展等权威机构共同发布的《2020第三季度中国主要城市交通分析报告》中，海口市在第三季度城市绿色出行意愿指数排名中位列榜首，此外，在骑行出行意愿指数排名中，海口同样占据第一。

截止到2020年，南京公共自行车有几种使用方式：一种是办卡，市民携带身份证等有效证件到南京政务服务中心，交纳250元押金，充值50元办理；一种是下载"畅行南京"手机APP，但也需要交纳押金使用。不过这两种方式都是骑行两个小时以内免费。同时，在支付宝小程序内，还提供了公共自行车站点搜索，免押扫码租车，计费还车、客服咨询等服务，据悉，目前南京主城区62 000辆公共自行车，1 515个站点都已经支持支付宝扫码骑行了。

浙江绍兴因其自身的城市布局优势，非常适合建立公共自行车系统，而城市公共自行车租赁服务不仅能够实现节能减排，还能够在一定程度上缓解城市交通问题，是一项很好的民生工程。最近几年，国内不少城市开始提供公共自行车租赁服务。

2019年，苏州市自然资源和规划局已启动开展《外城河－独野湖慢行步道规划》和《外城河－阳澄湖慢行步道规划》，计划将环古城河慢行步道与城市外围"泗角山水"通过蓝绿网络联系，使步行步道成网成片，满足市民的高品质慢行需求。

在"快速交通"建设日益密集的时代，以步行和自行车交通为代表的"绿色慢行"体系也于2011年底悄然回归无锡市民的生活中。这一规划目的是改善慢行交通体系这一城建"短板"，一方面，通过构筑"大慢行"系统来满足当地居民的各种需求，如滨水漫步、商业步行、街道慢行等需求；另一方面，不断让市民体会到低碳出行的便捷和高效，从而改变市民对出行方式的选择。此外，今后城市建设还将致力于"慢下来"，一方面形成慢车道和人行道互联互通的网络；另一方面还要与商业街区、旅游景点、文化设施，以及公交、公共自行车等基础配套有机结合，进而构建完整的"慢行"体系。

第 2 章 绿色出行理论与实践的发展

摩拜单车自 2016 年 12 月 28 日登陆武汉以来,仅半年左右的时间,规模已经突破 20 万辆,在武汉具有行业领先优势,处于领跑者地位。从发展历程来看,总体符合 S 形曲线增长规律,前 2 个月为培育期,规模突破 2 万辆;3～5 月为快速成长期,3 个月突破 17 万辆,增长 6.5 倍;6～7 月步入成熟期,两个月增长约 1.2 倍。

综上可以发现,目前,我国政府已经逐渐意识到绿色出行对现阶段社会可持续发展的重要性,并致力于推广各种改善人们出行方式的活动和项目。但现阶段,首先,我国绿色出行活动一般在大型国际活动举办期间推行,因为活动周期有限,所以践行绿色出行活动的持续性不强;其次,绿色出行项目的实施一般分布在比较大的城市中,尚未在全国范围内得到广泛的推广和实行;再次,我国尚未形成绿色出行项目评估及反馈机制,无法进一步推进项目的持续改进和落实。

2.3.3 经验总结与启示

通过以上对英国、日本、德国等国家和城市所实施的绿色出行项目的回顾与分析,可以发现许多国家在推动城市居民绿色出行方面的探索和实践已取得许多成功的经验。近 10 年来,我国国内汽车保有量急剧增加,截至 2020 年 6 月,中国机动车千人保有量为 193 辆,基本达到汽车社会的标准,然而我国的汽车社会也给城市环境、交通体系以及人车关系带来了巨大压力。我国虽在部分较大城市中陆续开展了形式多样的绿色出行项目,但由于政府缺少相关经验、居民参与意识较低等原因,造成活动收效甚微。基于人多地少、石油资源相对贫乏的国情,吸收借鉴部分发达国家交通发展的经验教训,实施以公共交通为主导的交通发展战略,大力发展绿色交通,应是我国未来交通发展的必然选择。

绿色出行不仅要考虑车辆、道路系统、燃料能源和交通管理,还需要考虑城市规划、推动绿色出行的组织以及涉及民众教育与参与的营销机制。鉴于目前我国经济社会的发展状况,结合以上国家和城市的基本经验,针对我国绿色出行实施可以总结出以下四点启示。

生活方式绿色化之绿色出行

第一，建立以绿色出行方式为主导的绿色出行体系。最近20年西方发达国家的环境保护意识不断增强，进而带动了"哥本哈根化"的城市潮流，即以步行和自行车为城市交通的核心，实现机器化城市到人性化城市的转变，促使居民逐渐舍弃以汽车为自由和富裕标志的陈旧观念，转而将自行车视为自由、前卫、健康、教养与责任的象征。然而，目前国人在观念上仍普遍认为公共交通、自行车是低收入者和非成功人士选择的交通工具，新生代家庭也多将购置汽车作为基本目标。因此，有必要借鉴国外绿色出行观念，将绿色出行观念作为绿色出行体系建设的先导，在全社会中通过言语沟通以及学校教育普及绿色出行观念，为绿色出行方式提供更多的空间和资源。

第二，落实现有鼓励绿色出行方式的政策措施。大力发展公共交通是中国既定的交通发展政策，然而在促进经济增长目标层面上发展公共交通的优先性并没有落到实处，因此各地必须超越短期的经济目标，贯彻公共交通优先战略，改善行人与自行车的出行环境，扩展步行和自行车出行的公共空间。

第三，改进公共交通信息与服务系统。优先发展面向公共交通出行者的交通信息服务系统，重点发展与建设城市导向路牌、信息查询机等城市交通导向设施；提供并及时更新巴士时刻表、公共交通电子站牌等公共交通实时运行服务信息；全面提高城市公共交通服务质量，提供安全、舒适、便捷的公共交通服务。

第四，普及绿色出行意识与行为。使用大众沟通和个人化营销手段以及多种信息沟通和教育途径，向民众传播绿色出行知识、绿色出行观念，帮助民众形成绿色出行意识，并向民众提供绿色出行所需设施、出行信息等便利条件，使民众能够理解并自觉自愿地践行绿色出行，自下而上地促进城市绿色交通体系的高效运转。

第 3 章 中国城市居民绿色出行行为的现状调查分析

本研究的目的在于从城市居民出行态度和行为的角度探索出行人群分类情况及其人群特征,但目前在国内尚缺乏相关研究提供参考,因此本研究属于探索性研究。若在本研究中使用一般调查问卷常用的李克特量表来了解被试者对有关陈述的态度和想法,所得到的结果可能多以正向得分为主,无法真正探索其观点的差异。Q 方法是一种适宜探索性研究的方法,可以以人为变量进行人群特征的分析,且 Q 方法的实施有助于研究者得到每一个陈述间的关联性及相对重要性。基于以上考量,且参考了国内外相关研究后,本研究决定采用 Q 方法作为主要研究方法。

3.1 研究方法:Q 方法

3.1.1 Q 方法的理论基础

Q 方法论最早由英国物理学家、心理学家 William Stephenson 于 1935 年创立,并在其著作《行为研究:Q 技术及其方法》中进行了详细论述。Stephenson 认为,Q 方法是受访者借自己指出的陈述或意见,自己界定态度的一种研究方法。简单地说，Q方法是Stephenson从因素分析理论中发展并加以变化而创立的一种专门研究人类主观性的方法。Q方法在研究中主要有两个特点：

(1)Q方法是一个研究主观性的方法。首先，在传统研究中，主观性被认为是稍纵即逝的，不可以被系统地、精确地研究。而在人们日常生活中，主观性无处不在，并且对人们的行为有着重要的影响。Q方法的目的正是要使人们稳定地描绘出其主体性，以便对其进行系统且严格量化的考察。其次，Q方法在研究之前，一般不预先对研究主题提出假设，即研究者的主观观点，而是通过不同个体的主观性描述来揭示主观性。因此，很多学者认为，Q方法适宜探索性研究，有助于研究者发现新思想、提出新假设。

(2)Q方法是一个小样本的研究方法。Q方法认为，对某一问题社会上有代表性的观点数量是有限的，在少量、背景各异的被试者中存在的观点，也一定在更大的群体中存在。另外，在数据分析的过程中，Q方法是对传统数据分析中的矩阵的转置。在传统的R方法中，通常是对多变量的调查，研究对象是测试项目，即"变量"；在Q方法中，"人"是研究对象，也就是对"人"进行研究和分析，通过因子分析等方法来考察与人相关的问题。因此，在Q方法中，单纯增加被试者的数量并不能显著提高研究的可靠性。由此我们可以看出，Q方法不需要大量的被试者参与研究，但同时具有基于大样本统计分析研究的代表性和可行性。

许多学者认为，Q方法"结合了定量研究传统与定性研究传统的优点"。虽然，Q方法或许并不如Q方法论者所描述的那样完美，但在众多社会科学领域的应用已证明Q方法为系统研究人们关于某一问题的态度、观点、信念和意见等主观性问题提供了理论依据。

3.1.2 Q方法的应用

Q方法论从创立至今已有80多年的历史，但Q方法论真正被社会学者所认识并利用其提供的工具来研究人类行为只有近30年的时间。虽

第 3 章　中国城市居民绿色出行行为的现状调查分析

然 Q 方法在国外早已广泛应用于诸多研究领域,其独特的应用价值已有所体现,但国内并没有从中获得较多有益的启示,对这一方法的理论和应用还较为陌生。从目前的资料来看,国内涉及 Q 方法的文献仅有不到 150 篇,大体可以分为两类,第一类主要是从理论角度介绍 Q 方法论的基本理论、实施方法及其理论与实践意义;第二类是 Q 方法在各领域中的应用,主要集中在社会学和心理学领域。

赵德雷、乐国安(2003 年)是国内较早正式介绍 Q 方法的学者,他们在文章中较为系统地介绍了 Q 方法的基本理论,将其与其他常用测量方法进行比较,并对 Q 方法论的意义进行了阐述。该文中,Q 方法论主要作为一种心理学的测量方法出现,研究者更加侧重于强调 Q 方法的特征和原则,并没有具体介绍该方法的操作步骤,也没有对该方法在更广阔领域的应用进行讨论。之后,周凤华、王敬尧(2006 年)在介绍 Q 方法论原理的基础上,重点阐述了 Q 方法论应用于实际研究中的具体程序和步骤,并结合案例展示了 Q 方法的应用过程。该文在一定程度上完善了 Q 方法理论体系在国内的传播,为 Q 方法论在社会科学领域的应用提供了理论依据和方法指导。于曦颖、陈云林在 2010 年发表的文章中再次对 Q 方法的概念进行阐述,更加深入地介绍了 Q 方法论执行步骤,即 Q 技术,并总结了该方法论的优势与局限。

随着 Q 方法在国内的推广,许多学者开始关注 Q 方法并将其应用于众多学科领域的研究中。黄洁华(2005 年)是较早将 Q 方法应用于研究具体问题的学者之一,他综合运用了访谈法和 Q 分类技术研究 IT 行业女经理职业脚本,并最终归纳出两类职业脚本。该文章为 Q 方法论在国内的应用提供了一个初步示范,但对于 Q 技术的理念和操作程序并未给出清晰的交代。董小英、李芳芳(2008 年)等运用 Q 方法,以首席信息官(Chief Information Officer,CIO)在工作中从事不同活动的重要性判断作为确定其角色的基础,对我国企业 CIO 的角色进行了探索性研究,提出了我国 CIO 在组织中主要扮演的六种角色,构建了 CIO 角色概念模型,为 CIO 在推进企业信息化进程中所发挥的重要作用提供一系列标识。

该文从研究设计、数据分析到结果讨论、模型构建,比较全面、完整地展现了Q方法论如何在研究中应用,为后续研究者使用Q方法研究问题提供了重要范例。

此后,在社会学、心理学领域的国内学者逐渐开始借助Q方法展开相应研究。如国内学者胡振虎(2010年)以江西省26位财政局局长为P样本,应用Q方法对财政支农资金整合问题进行了研究,得出了有关财政支农资金整合的六种典型观点。

杨英武(2010年)基于Q方法对福州市褐色土地开发利益相关者参与动机进行了分析,按照不同类型群体的利益偏好及各类型的认识态度,将受访者划分为四种不同类型的利益相关者,并深入探讨了褐色土地开发利益相关者参与的动机类型。

胡小军(2011年)以浙江丽水学院图书馆为例,运用Q方法对高校图书馆馆员面临的工作压力进行了定性和定量研究,得出图书馆馆员的工作压力主要来自工作中接触的相关人员、工作本身和对工作环境的不适应三个方面,使图书馆管理者科学地了解图书馆馆员的主要工作压力及其产生的主要原因,为分析高等院校图书馆馆员的压力提供了一种新的思维方式。

柳千训、郭明军、林润宣(2012年)选取韩国关东大学选修汉语课的在校非中文专业大学生作为研究对象,应用Q方法对韩国在校非中文专业大学生在对待学习汉语方面的主观态度做了调查研究,确认了他们对于汉语学习态度的三种类型,为汉语教师有针对性地进行对外汉语教学提供了帮助。

谢诗敏、李明和凌文辁(2012年)以凯洛格(Kellogg)基金"领导力——团体变革计划"项目为例,阐述了Q方法在领导力开发评估过程中的具体应用,指出了情境学习与行动相结合、集体领导力中的伙伴关系以及不同种族、文化等的兼收并蓄三个因子在集体领导力开发中发挥着重要作用,为管理者开发领导力和评估领导力的有效性提供了新思路。

刘孟宇、王丽颖、周奇等(2012年)基于Q方法客观反映主观性的研

第 3 章　中国城市居民绿色出行行为的现状调查分析

究特点与中医辩证的思维特点相契合,将 Q 方法引入中医标准的制定过程,探讨了 Q 方法在制定中医临床诊疗指南过程中的作用,即进行专家分类、整合专家观点、多角度比较专家观点,以便获得专家共识和分歧意见,形成共识方案。

国外许多学者将 Q 方法应用于与环境相关问题的研究中,并取得了丰硕的成果。Frans Hermans 等以荷兰创新项目 TransForum 为例,运用 Q 方法从多个角度研究了可持续农业,提出了"都市农业"的概念来填补没有从生态现代化的角度研究可持续农业的空白。

Christos Giannoulis 等就有关环境问题采访了希腊日发行量最大的九家报纸的记者,应用 Q 方法对环境记者的角色和作用进行了定性分析。分析结果显示可以把环境记者分为科学客观地对环境负责的记者、环境十字军和客观型记者三类,此研究的目的是希望在全球范围内扩大环境新闻业的实践活动和影响力。

B.B. Davies 和 I.D. Hodge 以英国东安格利亚为例,采用 Q 方法研究了英国可耕地和混合耕地农民关于处理农用地环境管理适当方法的感知框架。研究结果表明,基于受访农民农业管理观念的不同,可将他们分成五种不同的类型:环保主义者,进步人士,商品自然资源保护者,杰弗逊主义者和自耕农。此研究有助于在农业政策快速变化的背景下,明确一些关于土地管理者动机的重要问题。

John Barry 和 John Proops 基于英国当地就业和交易系统(LETS)的研究,对使用 Q 方法研究生态经济领域环境问题的潜在益处,即有利于感知人与自然的关系及制定和执行有效的环境政策,进行了概述,鉴于此希望更多的学者能将 Q 方法作为探究生态经济研究的方法工具。

综上所述,Q 方法的提出为我们的主观性研究提供了一个全新的研究范式,它有助于我们探索新思想,提出新假设。Q 方法在系统研究人们关于某一问题的态度、观点、信念和意见等主观性问题的研究中已具备坚实的理论基础和广泛的应用案例。Q 方法帮助许多学者在不同的研究主题中探索不同类型人群的观点、态度或行为特征,为多角度研究主观性问题提供了新的思路和工具。从国外学者的研究中不难看出,Q 方法在有关环境问题的研究中发挥着重要作用并存在巨大潜力。

3.2 绿色出行调查样本的基本信息

3.2.1 调查样本的获取

通过文献梳理,研究者对现有绿色出行相关研究的范围及焦点进行了解,从而将本研究的主题确定为从城市居民的绿色出行态度和行为的角度出发,探索出行人群类型及特征,为进一步探究居民出行行为转变的途径提供实证依据。本研究在明确了研究主题的基础上,根据 Q 方法提供的一套正规、科学的操作流程,获取绿色出行调查样本的基本信息,具体步骤如下:

1.建立 Q 样本

所谓 Q 样本,是指一组供被试者分类所用的命题,包含了人们对某一主题不同观点的主观性陈述。本研究在广泛阅读国内外相关资料的基础上,综合运用访谈法、询问法,通过与被试者的直接或间接"接触",获得了城市居民对绿色出行的态度及其行为描述,其中包括乘坐公共汽车、地铁等公共交通工具,合作乘车,环保驾车,或者步行、骑自行车等居民日常生活中的绿色出行行为,以及居民的价值观、环境态度和居民对绿色出行相关政策措施的态度。为确保陈述的全面性和适用性,我们先选取了有代表性的 50 条陈述作为初选命题,在大连理工大学邀请 30 人对命题进行打分,并对初选命题中未包含且他们认为重要的命题进行补充。根据预调研结果及被试者的反馈,我们对初选命题进行了适当调整:删除得分较低的命题,加入被试者提出的较为重要的陈述,并在文字上做出调整,使被试者更容易理解。根据 Q 方法的研究需要,最终我们得出 40 条陈述作为正式调研的 Q 样本。最后,研究人员将每一条陈述分别印在卡片上,随机标号,并将卡片洗匀,完成 Q 样本的建立。

2. 建立 P 样本

所谓 P 样本,是指从与研究主题相关的人群中选出的参与 Q 分类的被试群体。在人数方面,由于 Q 方法的特色并不在于搜集大量的资料,而是针对研究主体采取小样本研究,进行深入探讨,因此在参考相关研究的基础上,本研究决定将 P 样本数设定在 40～60 人。本研究中,我们在辽宁大连和山东烟台两地选取不同性别、年龄、学历、职业背景和收入的城市居民作为 P 样本。

3. Q 分类

被试者按照同意程度、符合程度或喜好程度等指导条件(Condition of Direction)对 Q 样本进行排序的过程,即 Q 分类,也称为 Q 排序。研究者通过 Q 分类搜集资料,了解被试者对绿色出行的看法,进而分析分类结果之间的差异及关联性。

Q 分类主要包括两种方式:强制分布和非强制分布。强制分布是要求被试者按照指定的分布(通常为正态分布)数量挑选卡片;非强制分布则是让被试者依照自己的想法自由分类卡片。文献显示,大多数使用 Q 方法的研究都选用了强制分布,而且强制分布可以促使被试者系统地思考每一个陈述间的关联性及相对重要性。除了分类方式外,研究者还需要设定分布的等级。一般来说,Q 方法的分类等级以奇数为宜,其中九级、十一级最为普遍,而且为符合统计处理中的假定,卡片的分布以正态分布最为理想。

综合考虑命题数量及研究要求,本研究采用了 9 级强制分布的分类方式,详见图 3-1。其中,最左列-4 分代表最不符合,应有 2 张卡片落入该等级中;从左至右以此类推,0 分代表中立或不确定,应有 8 张卡片落入该等级中;4分代表最符合,应有两张卡片落入其中。研究中,我们要求被试者先按照最符合、中立、最不符合大体将40个命题分为三类,然后按照问卷要求从最符合到最不符合进行排列。完成Q分类后,被试者需要对选择"最符合"和"最不符合"极端陈述的原因做出解释。研究者通过对解释的分析,可以进一步了解被试者的观点,而不必完全凭借推论来解释被试者的态度,从而确保研究的准确性。

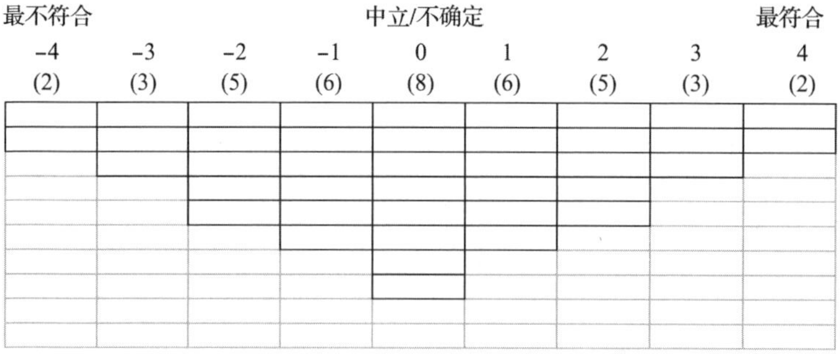

最不符合				中立/不确定				最符合
-4	-3	-2	-1	0	1	2	3	4
(2)	(3)	(5)	(6)	(8)	(6)	(5)	(3)	(2)

图 3-1　分布结构图($N=40$)

4.基本信息问卷

为了解被试者的一些背景及个人特征方面的信息(如性别、年龄、个人月收入、学历等),本研究设计了个人基本信息问卷来收集被试者的个人基本资料,以协助进一步了解及诠释研究所获得的数据及结果。

5.资料收集及处理

本研究中问卷的发放与回收主要通过面对面的形式。被试者收到的问卷中包括一份城市居民绿色出行调查问卷和40张陈述卡片。从2013年11月起至2014年1月,分别在辽宁大连和山东烟台两地发放问卷60份,回收53份,问卷回收率为88.3%。经过对问卷的检查,发现其中有8份问卷存在填写错误或不完整的情况。之后,我们针对这8位被试者进行了二次问卷发放,其中 5 位被试者给予了回复。本研究最终得到有效 P 样本 50 个,问卷有效率达 83.3%。

资料收集完成后,首先对被试者的个人基本信息进行描述性统计,之后运用 PCQ 软件对 Q 分类结果进行数据分析,识别出具有不同绿色出行态度和行为的人群,并进行下一阶段的因素命名工作。

3.2.2 基本信息的分析

完成资料的收集和处理工作后,进行两部分数据的统计分析工作:一是个人基本信息统计,二是采用 Q 方法专用统计软件 PCQ Software 对 Q 分类数据进行录入和分析。

1.个人基本信息分析

研究对象的基本信息包括:性别、年龄、学历、职业和个人月收入。本研究中,被试者的基本信息仅作描述性统计分析作为诠释结果的参考。各项统计结果如下:

(1)性别

本研究中被试者共 50 人,其中男性 33 人,占总人数的 66%;女性 17 人,占总人数的 34%,男女比例约为 2∶1。

(2)年龄

年龄分布上,介于 20~29 岁的有 22 人,占 44%;介于 30~39 岁的有 12 人,占 24%;介于 40~49 岁的有 10 人,占 20%;50 岁及以上的 6 人,占 12%。整体来看,被试者大多数为青年阶层(20~39 岁),占了 68%。

(3)学历

学历以本科及以下为主,共 32 人,占 64%;硕士和博士分别为 13 人、5 人,占 26%、10%。

(4)职业

被试者的职业主要为公务员、科研人员、工程师、企业职员、银行职员和学生,各职业人数大致相同。其中,科研人员 11 人,占 22%;公务员、企业职员和银行职员各9人,各占18%;工程师7人,占14%;学生5人,占10%。

(5)个人月收入

被试者的个人月收入主要分布于3 000~5 000元,共27人,占54%;3 000元以下9人,占18%;5 000元以上14人,占28%。

由统计资料可知,被试者多数为男性,以青壮年、本科及以下学历及中等收入的人群为主。被试者职业背景广泛,有利于研究从不同角度获取不同层面被试者的出行态度和行为。

2.Q分类结果分析

Q分析主要以人为研究对象,通过分析人与人之间的关联性将人分为几个主要的群组,进而提炼出群组背后的人群特征。进行Q分析时需要考虑三个问题:因子分析、因子负荷以及因子得分。

(1)因子分析

提取因子的方式有很多种,较为常见的是主成分分析法(Principle Component Analysis)和主轴因子分析法(Principle Axes Method)。其主要区别在于,主成分分析法是利用降维的思想将大量变量简化为较少的成分;主轴因子分析法是主要用于检验理论的潜在构念。研究者可根据研究的需要决定采取何种分析方式。由于本研究的重点在于发现不同人群的区别与联系,而非验证理论,并且从国内外Q方法的应用研究中可以发现,大部分研究者选用了主成分分析法,因此本研究采用主成分分析法作为因子提取的方式。

首先,软件会计算出50个样本的相关矩阵及其特征值。若以特征值大于1为标准选取因子个数,本研究将提取出9个因子。由于因子分析的目的是希望以较少的因子解释较多的变量,因此本研究参考陡坡检验的方法确定因子个数。陡坡检验是将每一个因子按特征值排列,当有重要因子出现时特征值会急剧增大。如图3-2所示,特征值从第四个因子开始增大幅度减小,因此保留前三个因子。

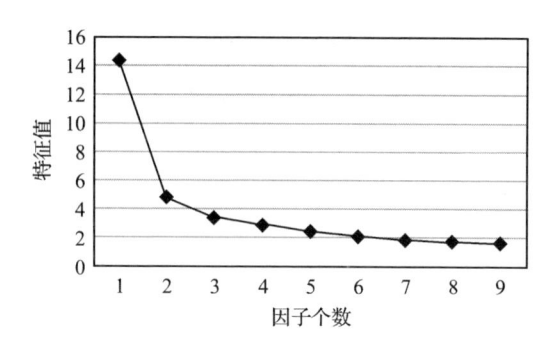

第 3 章　中国城市居民绿色出行行为的现状调查分析

图 3-2　陡坡检验图

无论采取何种因子提取方式,初步的分析结果往往很难加以解释,因此需要进行因子旋转。因子旋转的目的在于理清因子之间的关系,使因子间的结构更加清晰,便于解释。因子旋转的方式也有很多种,但根据实际研究结果显示,各种方式所得结果的差异并不大。通过借鉴 Q 方法的相关研究,本研究选取最为常用的最大方差旋转(Varimax Rotation)作为因子旋转方式。

(2)因子负荷

完成因子分析后,需要确认每个因子的样本组成,从而根据样本特征进行因子命名。确认因子的组成需要依据每个样本的因子负荷量(Factor Loading)的高低来判断。因子负荷量是类似于回归系数的权数,可以反映出样本与因子的关联强度。根据其界定公式

$$\text{因子负荷量} > 3/\sqrt{n}\ (n = Q\ \text{样本的个数})$$

本研究中共有 40 个 Q 样本,因此以因子负荷量 $> 3/\sqrt{40} = 0.474$ 作为分类标准,将样本划分为不同的类别,以便后续进一步分析讨论不同类别被试者的行为特点和人群特征。Schlinger 指出,无论因子负荷量为正值还是负值,只要其绝对值高即可代表该项目在统计上有显著意义,就可以被选取。然而在实际操作中会遇到几种难以判断的情况,如某一样本同时可以归到两个以上的因子中或某一样本的因子负荷量皆没超过临界

值，无法归入任何一个因子。此时，为更加清楚地区分不同因子，会删除此样本。综合考量以上条件，本研究共有 42 个样本归入到 3 个因子之中，因子组成及因子负荷量详见表 3-1。

表 3-1　　　　　　　　　　因子负荷量表

样本	因子负荷量 1	因子负荷量 2	因子负荷量 3	样本	因子负荷量 1	因子负荷量 2	因子负荷量 3
p1	**0.553 4X**	0.281 7	0.286 3	p43	0.250 1	**0.602 5X**	0.466 3
p3	**−0.611 7X**	0.196 8	0.234 1	p44	−0.191 0	**0.524 4X**	0.462 1
p7	**0.735 1X**	0.352 1	0.014 9	p47	−0.255 2	**0.474 5X**	−0.058 2
p23	**0.496 4X**	0.106 9	0.122 4	p2	0.452 0	0.296 9	**0.575 6X**
p25	**0.752 1X**	0.098 7	0.145 2	p4	0.184 3	0.462 9	**0.638 0X**
p26	**0.782 9X**	0.143 3	0.214 8	p6	−0.211 0	−0.102 1	**0.597 6X**
p27	**0.623 8X**	0.048 3	0.452 0	p10	0.407 1	0.147 8	**0.725 3X**
p31	**0.502 3X**	0.131 9	0.110 2	p11	0.233 5	−0.012 5	**0.566 5X**
p32	**0.747 0X**	−0.120 9	0.269 2	p13	0.208 4	0.298 2	**0.517 8X**
p35	**0.548 5X**	0.428 4	0.088 4	p14	0.023 7	0.235 1	**0.482 0X**
p37	**0.658 9X**	0.231 8	0.003 4	p18	0.414 6	0.192 0	**0.537 1X**
p5	0.244 5	**0.637 1X**	0.051 5	p24	0.156 4	0.135 3	**0.562 0X**
p9	−0.092 9	**0.474 4X**	0.246 3	p28	0.181 0	0.097 6	**0.489 4X**
p15	−0.221 0	**0.572 2X**	0.360 8	p33	−0.184 7	−0.249 1	**0.475 7X**
p16	0.083 7	**0.494 6X**	0.387 5	p34	0.453 1	0.443 7	**0.510 6X**
p19	0.280 2	**0.696 6X**	−0.033 4	p38	0.297 7	−0.136 5	**0.605 1X**
p20	0.094 9	**0.642 6X**	0.105 8	p40	0.356 4	0.287 6	**0.599 7X**
p21	0.066 1	**0.511 9X**	0.272 7	p41	0.350 7	0.326 6	**0.682 9X**
p29	0.218 5	**0.762 1X**	−0.051 0	p48	−0.280 9	−0.077 7	**0.600 3X**
p30	0.213 6	**0.529 3X**	−0.084 7	p49	−0.059 0	0.110 4	**0.479 9X**
p36	0.221 6	**0.623 5X**	0.373 4	p50	0.292 0	0.165 0	**0.531 3X**

(3) 因子得分

经过因子分析和因子旋转等数据处理过程后，软件可以计算出每个题项在各个因子上的得分情况，详见表 3-2。

第3章 中国城市居民绿色出行行为的现状调查分析

表 3-2　　　　　　　　　　　　因子得分表

序号	命题陈述	因子一 Z分数	因子一 Q分数	因子二 Z分数	因子二 Q分数	因子三 Z分数	因子三 Q分数
1	为了人与自然和谐共处,我们应该选择绿色出行方式	2.13	4	1.86	4	1.42	3
2	保护环境比享受私家车出行带来的便利更为重要	1.09	2	0.72	2	0.61	1
3	我不了解哪些出行方式属于绿色出行	−0.73	−1	−2.11	−4	−1.27	−2
4	如果公共交通更加便捷,可以满足我的出行需求,我会选择	1.73	4	1.71	4	2.45	4
5	我平时较多关注绿色出行的相关知识	1.26	2	−0.89	−2	0.31	0
6	我基本依据自己的习惯选择出行方式,很少考虑环境因素	−0.49	0	−0.20	0	1.30	3
7	为了体现身份地位,我会选择私家车出行	−1.47	−4	−2.12	−4	−0.79	−2
8	我会因温室气体排放带来的环境问题而感到忧虑	0.79	1	1.67	3	0.86	2
9	实行汽车限行政策可以提高出行的舒适度	−0.30	0	0.22	0	−0.41	−1
10	政府对汽车征收尾气排放费或提高停车费用,会使我减少开车出行	−0.69	−1	0.11	0	0.27	0
11	我了解怎样能够环保驾车	−0.63	0	−1.90	−3	−1.14	−2
12	我在拥有私家车后不会有意选择公共交通工具出行	−1.11	−3	−1.28	−3	0.59	1
13	政府组织的绿色出行活动会促使我更多选择绿色出行	1.00	2	0.39	1	0.58	1
14	我会主动了解政府出台的与绿色出行相关的法律法规及政策	1.18	2	−1.01	−2	0.50	1
15	我不了解绿色出行对环境保护的作用	−0.80	−1	−1.70	−3	−1.59	−3
16	我为了保护环境而选择绿色出行方式	1.45	3	0.14	0	0.70	2
17	选择公共交通无关身份问题,我会选择	0.59	1	1.06	2	0.94	3
18	我不会主动劝说他人选择绿色出行	−0.47	0	0.53	2	0.20	0
19	无论他人是否选择绿色出行,我都会坚持实施	1.63	3	−0.75	−2	−0.57	−1

89

生活方式绿色化之绿色出行

(续表)

序号	命题陈述	因子一 Z分数	因子一 Q分数	因子二 Z分数	因子二 Q分数	因子三 Z分数	因子三 Q分数
20	我了解环保驾车的相关知识	0.72	1	−0.09	0	0.30	0
21	若非强制实施,政府的政策对我的出行方式基本没有影响	−0.17	0	0.41	1	0.25	0
22	我具体了解哪些出行方式属于绿色出行	0.36	1	−0.26	−1	0.64	2
23	我了解政府出台的提倡绿色出行的相关政策	0.61	1	−0.91	−2	0.26	0
24	我的出行方式对环境保护很重要	0.21	0	0.20	0	−1.61	−3
25	我会劝说身边的人选择绿色的出行方式	0.15	0	−0.31	−1	−0.62	−1
26	即使我有私家车,我也会尽量乘坐公共交通工具出行	1.41	3	0.27	1	−0.54	−1
27	我基本不了解与绿色出行有关的政策	−0.82	−2	−0.29	−1	−0.67	−1
28	政府出台的相关政策会影响我的出行方式	−0.42	0	1.18	3	0.83	2
29	我不参与政府组织的有关绿色出行的活动	−0.70	−1	−0.22	−1	−0.77	−2
30	如果政府对绿色出行有一定奖励,我会尽力去做	−0.81	−2	1.53	3	0.54	1
31	为了方便和舒适,我较多使用私家车	−1.34	−4	−0.42	−2	1.81	4
32	我了解绿色出行对环境保护的积极作用	0.47	1	1.03	2	0.73	2
33	我是否选择绿色出行会受到周围人行为的影响	−0.74	−1	0.44	1	−1.10	−2
34	我个人的出行方式对环境影响不大	−0.89	−2	0.42	1	−0.49	−1
35	我会积极响应政府和其他组织有关绿色出行的宣传,如公益广告等	0.90	2	0.98	2	0.03	0
36	实行汽车限行政策为我的生活带来很多不便	−1.02	−2	−0.36	−1	0.49	1
37	我基本不关心温室气体排放等环境问题	−0.96	−2	−0.28	−1	−1.27	−3
38	我基本不关注绿色出行的相关知识	−1.17	−3	0.00	0	−1.82	−4

(续表)

序号	命题陈述	因子一 Z 分数	因子一 Q 分数	因子二 Z 分数	因子二 Q 分数	因子三 Z 分数	因子三 Q 分数
39	我不关心与绿色出行相关的宣传	−1.16	−1	−0.17	1	−1.65	−4
40	我不关心绿色出行	−0.81	−3	0.39	0	−0.30	0

3.3 城市居民绿色出行行为的类型划分

经过 Q 方法数据分析后,共提取 3 个因子,并得到每个题项在不同因子上的得分,结合因子得分以及问卷信息可以具体分析出每个因子的含义。为便于了解这些因子所代表的意义,以及彼此之间的关联性,在结果分析阶段需要对因子进行命名。本研究中,我们参考 Roberts 和 Straughan 对消费者的绿色消费行为进行分类时采用的利用绿色深浅表示不同人群在心理特征、绿色意识和行为的深度及广度上的差异,按照人们在绿色出行中表现出的对环境关注度的高低以及具体行为实施的情况将被试者命名为绿色出行者、浅绿色出行者和棕色出行者三类。

Brown 指出,对 Q 因素的解释可以从三方面入手:首先,解释每个因子当中极端选项的陈述(如本研究中得分为 4、3、−3、−4 的语句);其次,解释这些因子间的共识;第三,说明因子间的不同。以下我们分别从这三方面展开讨论。

3.3.1 绿色出行者

绿色出行者命题陈述及其得分如表 3-3 所示。

由表 3-3 可以看出,第一类出行者在生活中会为了人与自然和谐相处、保护环境而选择绿色出行方式,并且他们的绿色出行行为不会受到他人选择的影响。他们即便拥有私家车,也会尽量乘坐公共交通工具出行,尤其反对为个人身份地位或个人方便舒适而选择私家车的行为。

表 3-3　　　　　　类型一人群的极端选项的命题陈述及其得分

编号	命题陈述	标准得分
1	为了人与自然和谐共处,我们应该选择绿色出行方式	2.129
4	如果公共交通更加便捷,可以满足我的出行需求,我会选择	1.727
19	无论他人是否选择绿色出行,我都会坚持实施	1.628
16	我为了保护环境而选择绿色出行方式	1.454
26	即使我有私家车,我也会尽量乘坐公共交通工具出行	1.415
12	我在拥有私家车后不会有意选择公共交通工具出行	−1.107
40	我不关心绿色出行	−1.157
38	我基本不关注绿色出行的相关知识	−1.168
31	为了方便和舒适,我较多使用私家车	−1.345
7	为了体现身份地位,我会选择私家车出行	−1.466

同时,这部分人群关心绿色出行的相关信息并对绿色出行知识有一定了解。根据 Q 方法的基本原理,在选项设计时应设置部分正反选项以验证被试者填写问卷的可靠性。从选项 12 和 26 来看,关于拥有私家车对绿色出行行为的影响而设定的正反题项在问卷中分别分布于最符合和最不符合两个部分,这验证了问卷填写的可靠性。

从第一类出行者的选择来看,无论从价值观、绿色出行态度还是绿色出行知识方面,较为全面地表现出成熟的绿色出行行为,我们认为这部分出行者是绿色出行者。他们通常具有普遍主义、仁爱的价值观,关心环境,对绿色出行持积极态度,希望人与自然和谐共处并相信自己的行为能够改善环境,反对非绿色的出行行为。这部分人群最大的特点是,他们对绿色出行有着全面而深刻的理解和认识,并能够在日常生活中积极而坚定的践行。他们实施绿色出行行为的动机除了满足个人需要,更多地考虑了环境保护的因素。

3.3.2　浅绿色出行者

浅绿色出行者命题陈述及其得分如表 3-4 所示。

第3章 中国城市居民绿色出行行为的现状调查分析

表 3-4　　类型二人群的极端选项的命题陈述及其得分

编号	命题陈述	标准得分
1	为了人与自然和谐共处,我们应该选择绿色出行方式	1.864
4	如果公共交通更加便捷,可以满足我的出行需求,我会选择	1.711
8	我会因温室气体排放带来的环境问题而感到忧虑	1.668
30	如果政府对绿色出行有一定奖励,我会尽力去做	1.529
28	政府出台的相关政策会影响我的出行方式	1.184
12	我在拥有私家车后不会有意选择公共交通工具出行	−1.281
15	我不了解绿色出行对环境保护的作用	−1.704
11	我不了解怎样能够环保驾车	−1.903
3	我不了解哪些出行方式属于绿色出行	−2.113
7	为了体现身份地位,我会选择私家车出行	−2.118

由表 3-4 可以看出,与绿色出行者相同,第二类出行者非常认同"为了人与自然和谐共处,我们应该选择绿色出行方式",而反对为体现身份地位选择私家车出行。同时,他们对绿色出行的相关知识有一定的了解,例如,绿色出行的环保意义、具体的绿色出行方式以及环保驾车等,而且他们即使拥有私家车也会积极选择公共交通工具出行。但从题项 4、30、28 可以明显看出,这部分出行者的出行行为会受到公共交通的便捷性、政府的奖励措施以及相关政策等外界因素的影响。

从第二类出行者的选择来看,他们具有较为良好的环境态度,并对绿色出行有一定了解,他们会为环境问题感到忧虑。但同时,他们是否实施绿色出行行为会受到很多因素的影响。首先,公共交通的便捷性是影响他们绿色出行的一个重要因素。其次,他们会根据政府出台的相关政策调整其出行方式,会因政府对绿色出行奖励的激励而积极实施绿色出行。这部分人群在绿色出行方面具备较好的环境态度和绿色出行意识,认同绿色出行的基本理念并有意践行,但在实施行为方面容易受到外界因素的影响,因此,我们认为这部分出行者属于浅绿色出行者,是绿色出行的潜在人群,辅之以适当的因素激励和条件改善,他们的绿色出行行为就会发生。

3.3.3 棕色出行者

棕色出行者命题陈述及其得分如表 3-5 所示。

表 3-5　　　　　　类型三人群的极端选项的命题陈述及其得分

编号	命题陈述	标准得分
4	如果公共交通更加便捷,可以满足我的出行需求,我会选择	2.448
31	为了方便和舒适,我较多使用私家车	1.809
1	为了人与自然和谐共处,我们应该选择绿色出行方式	1.424
6	我基本依据自己的习惯选择出行方式,很少考虑环境因素	1.296
17	选择公共交通无关身份问题,我会选择	0.940
37	我基本不关心温室气体排放等环境问题	−1.267
15	我不了解绿色出行对环境保护的作用	−1.593
24	我的出行方式对环境保护很重要	−1.605
39	我不关心与绿色出行相关的宣传	−1.646
38	我基本不关注绿色出行的相关知识	−1.825

由表 3-5 可以看出,首先,第三类出行者较为认同为了保护环境我们应该选择绿色出行方式,且出行方式的选择无关身份问题。同时,他们表示关心绿色出行并对绿色出行在环境保护方面的积极作用有所了解,也具备一定的绿色出行相关知识。但通过对比题项 4、31、6 可以发现,公共交通更加便捷可以促使这部分出行者选择公共交通,而且他们在出行时基本依据个人习惯选择出行方式,为方便和舒适,他们较多地使用私家车。而且,他们并不认为个人的出行方式选择对环境保护有重要作用。

从第三类出行者的选择来看,他们虽然与绿色出行者类似,对绿色出行的相关知识和积极作用有一定的了解,但交通的便捷性和舒适性对他们的绿色出行行为具有很大影响。我们从这些被试者的解释中发现,他们的出行行为多为无意识的、随机的,更多是从个人需要的角度出发,而非环境保护。由此可以看出,第三类出行者的绿色出行行为并不明显,现有绿色出行行为并非受到环境价值观和良好的环境态度的指导,而是更多地服从于个人需要和个人习惯。因此,我们将这一类出行者归为棕色出行者。

3.4 不同类型人群行为的对比分析及启示

3.4.1 类型间的一致性及差异性分析

根据数据结果我们可以发现,三类出行者在某些选项的排列上存在明显的一致性和差异性,因此,通过对三类出行者进行一致性和差异性分析有助于我们进一步了解不同类型出行者的人群特征。

1. 一致性分析

三类人群一致选项的命题陈述及其得分如表3-6所示。

表3-6　　　　　三种类型人群一致选项的命题陈述及其得分

编号	命题陈述	因子一	因子二	因子三
1	为了人与自然和谐共处,我们应该选择绿色出行方式	2.129	1.864	1.424
4	如果公共交通更加便捷,可以满足我的出行需求,我会选择	1.727	1.711	2.448
7	为了体现身份地位,我会选择私家车出行	−1.466	−0.788	−0.788
40	我不关心绿色出行	−1.157	−0.171	−1.605

从表3-6我们可以看出,三类出行者对表中所列选项的态度基本一致。首先,三类人群都非常了解选择绿色出行方式的必要性,了解绿色出行对环保的积极作用,并对绿色出行给予关注。这充分说明对于大多数人来说,绿色出行的观念已深入人心。其次,三类人群都表示如果公共交通更加便捷他们会更多地选择公共交通工具出行。由此可见,无论大家出于怎样的动机选择公共交通工具,出行的便捷性是影响人们选择交通工具的一项重要因素。另外,大部分出行者对因体现身份地位而选择私

家车的行为持否定态度。因此可以看出,过去"讲排场""攀比"的社会风气在人们的出行行为中有所转变,大多数人能够理智面对这一现象。

2.差异性分析

不同类型出行者的差异最大选项的命题陈述及其得分分别见表3-7、表3-8和表3-9。

由表3-7可以看出,绿色出行者和浅绿色出行者之间的差异主要体现在四个方面。首先,从选项19、33可以看出,绿色出行者在实施绿色出行行为时具有更加坚定的绿色出行态度,浅绿色出行者则会受到他人行为的影响。其次,从28、30两个选项可以看出,浅绿色出行者的出行方式会受到政府相关政策的影响,奖励措施对浅绿色出行者实施绿色出行行为具有很大的激励作用。因此,无论是对于他人行为还是政策环境的改变,浅绿色出行者都表现得更加敏感。第三,对于绿色出行知识及政府相关政策的了解,绿色出行者持有更加积极的态度,愿意主动了解绿色出行相关信息,表现出更加良好的环境态度。另外,绿色出行者相信个人的出行方式对环境有所影响,这种信念将有助于这类人群主动提出新的绿色出行需求,并对周围人产生影响,在绿色出行的推广中扮演意见领袖的角色。

表3-7　绿色出行者和浅绿色出行者的差异选项的命题陈述及其得分

编号	命题陈述	因子一	因子二	差异值
19	无论他人是否选择绿色出行,我都会坚持实施	1.628	−0.754	2.382
14	我会主动了解政府出台的与绿色出行相关的法律法规及政策	1.184	−1.01	2.194
5	我平时较多关注绿色出行的相关知识	1.265	−0.885	2.150
23	我了解政府出台的提倡绿色出行的相关政策	0.609	−0.911	1.520
33	我是否选择绿色出行会受到周围人行为的影响	−0.739	0.436	−1.175
34	我个人的出行方式对环境影响不大	−0.891	0.424	−1.315
28	政府出台的相关政策会影响我的出行方式	−0.423	1.184	−1.607
30	如果政府对绿色出行有一定奖励,我会尽力去做	−0.806	1.529	−2.335

第3章 中国城市居民绿色出行行为的现状调查分析

由表3-8可知,绿色出行者和棕色出行者之间的差异主要体现在三个方面。首先,由31、6、12、26、19五个题项可以看出,两类人群对出行方式的选择持有截然相反的态度。棕色出行者在选择出行方式时以个人舒适性和个人习惯为主,很少考虑环境因素;而绿色出行者则是绿色出行行为的坚定实践者,他们的绿色出行行为不会因是否拥有私家车或他人是否选择绿色出行而改变。其次,由5、35两个题项可以看出,两类人群都对绿色出行相关知识和政府政策宣传持积极态度,但绿色出行者的响应程度更高,棕色出行者相对保持中立。另外,两类人群对绿色出行政策带来的不便,即对"麻烦"的感知有所不同,绿色出行者并不认为汽车限行等政策为生活带来不便。

表3-8 绿色出行者和棕色出行者的差异选项的命题陈述及其得分

编号	命题陈述	因子一	因子二	差异值
31	为了方便和舒适,我较多使用私家车	−1.345	1.809	3.154
6	我基本依据自己的习惯选择出行方式,很少考虑环境因素	−0.486	1.296	1.782
12	我在拥有私家车后不会有意选择公共交通工具出行	−1.107	0.591	1.698
36	汽车限行政策为我的生活带来很多不便	−1.024	0.487	1.511
35	我会积极响应政府和其他组织有关绿色出行的宣传,例如公益广告等	0.895	0.032	−0.863
5	我平时较多关注绿色出行的相关知识	1.265	0.309	−0.956
26	即使我有私家车,我也会尽量乘坐公共交通工具出行	1.415	−0.539	−1.953
19	无论他人是否选择绿色出行,我都会坚持实施	1.628	−0.568	−2.196

由表3-9可知,与绿色出行者类似,浅绿色出行者与棕色出行者之间的差异首先体现在两者选择出行方式时动机和行为的不同,浅绿色出行者相比于棕色出行者具有更加环保的出行动机和行为。其次,相比于浅绿色出行者,棕色出行者的出行方式通常不会受到他人行为、奖励政策等外界因素的影响,这也印证了习惯对个人行为有锁定作用。由此可见,虽然棕色出行者对绿色出行表示关心,但并没有将其付诸实践。

表 3-9　　浅绿色出行者和棕色出行者的差异选项的命题陈述及其得分

编号	命题陈述	因子一	因子二	差异值
31	为了方便和舒适,我较多使用私家车	−0.422	1.809	2.232
12	我在拥有私家车后不会有意选择公共交通工具出行	−1.281	0.591	1.872
14	我会主动了解政府出台的与绿色出行相关的法律法规及政策	−1.010	0.496	1.506
6	我基本依据自己的习惯选择出行方式,很少考虑环境因素	−0.195	1.296	1.491
30	如果政府对绿色出行有一定奖励,我会尽力去做	1.529	0.544	−0.984
33	我是否选择绿色出行会受到周围人行为的影响	0.436	−1.095	−1.531
38	我基本不关注绿色出行	−0.004	−1.825	−1.821
39	我不关心与绿色出行相关的宣传	0.393	−1.646	−2.039

3.4.2　城市居民人口统计变量分析

本研究从性别、年龄、学历、个人月收入四个方面对 42 个样本的人口统计变量特征进行了统计,如表 3-10 所示。

表 3-10　　　　　　　　　受访者人口统计变量特征统计(%)

人口统计变量		总体 ($N=42$)	类型一 ($N=11$)	类型二 ($N=13$)	类型三 ($N=18$)
性别	男	69.0	54.5	61.5	83.3
	女	31.0	45.5	38.5	17.7
年龄	20～29 岁	42.9	9.1	76.9	38.9
	30～39 岁	21.4	9.1	23.1	27.8
	40～49 岁	23.8	54.5	0	22.2
	50 岁及以上	11.9	27.3	0	11.1
学历	博士	9.5	18.2	0	11.2
	硕士	28.6	0	30.8	44.4
	本科及以下	61.9	81.8	69.2	44.4
个人月收入	3 000 元以下	21.4	9.1	30.8	22.2
	3 000 元～5 000 元	50.0	63.6	61.5	33.3
	5 000 元以上	28.6	27.3	7.7	44.5

第3章　中国城市居民绿色出行行为的现状调查分析

通过对比不同人口统计变量特征的人群在总体中所占比例及其在各类型人群中所占比例可以看出,绿色出行者中多以女性为主,年龄在40岁以上、月收入在3 000元以上的人群表现较为突出,学历方面主要为博士和本科及以下。浅绿色出行者在性别分布中没有明显差别,但这部分出行者在研究中完全分布于40岁以下人群中,特别是30岁以下人群尤为明显,且多为低收入和低学历人群。而棕色出行者中以男性为主,年龄分布与总体基本一致,个人月收入在5 000元以上及本科以上学历的人群比例明显偏高。

综上所述,性别方面,女性比男性的绿色出行行为明显。年龄方面,年龄稍大人群多为绿色出行者,而年轻人多为浅绿色出行者。这与年轻人的行为通常缺少确定性、易受外界影响有关。收入方面,月收入在5 000元以上的高收入人群多为棕色出行者,而低收入人群多为浅绿色出行者。这可以体现出由于经济条件不同,高收入人群不易因出行成本增加而放弃私家车出行,而收入较低人群的行为容易受到相关经济政策的影响。与以上三个变量不同,三类人群在学历方面并没有表现出一定的规律,这与我们通常认为的学历越高越会实施绿色出行行为的说法不符,但也有学者在研究中表示,学历与绿色出行行为之间的关系并不显著。

通过对不同类型出行者的一致性和差异性进行进一步对比分析,最终总结出三种类型出行者的人群特征。我们将三种类型出行者在绿色出行态度和行为方面的一致性与差异性归入表3-11。通过上述分析可以看出,三类出行人群都对绿色出行相关知识及其积极作用有所了解,但棕色出行者与其他两类人群的本质区别在于,棕色出行者并没有将绿色出行的理念付诸实践,在出行方式选择中个人主义价值观表现较为明显,而浅绿色出行者的明显特征则表现为出行行为易受到外界因素的影响。此外,在人口统计变量方面,三类出行者在性别、年龄和收入三个变量中都表现出一定的规律性,但学历与绿色出行行为的关系并不显著。

表 3-11　　　　　　　　　　三种类型受访者的人群特征

	一致性	差异性
绿色出行者	1.了解绿色出行的意义并能给予关注 2.公共交通的便捷性会促进公共交通工具出行 3.理智对待身份地位与私家车出行的关系	1.具有普遍主义、仁爱的价值观 2.关心环境，有积极的环境态度 3.了解可持续消费相关知识及其作用 4.实施绿色出行行为时更多考虑环境因素，是绿色出行的坚定践行者
浅绿色出行者		1.具有普遍主义、仁爱的价值观 2.关心环境，有较为积极的环境态度 3.了解绿色出行相关知识及其作用 4.实施绿色出行行为时能够考虑环境因素，但是否实施易受到外界因素的影响
棕色出行者		1.具有自我主义价值观 2.较为关心环境 3.较为了解绿色出行相关知识及其作用 4.实施绿色出行行为时更多考虑个人因素且出行行为基本不受外界因素影响

第 4 章 中国城市居民绿色出行的影响因素

城市居民作为绿色出行行为的主体,在推动绿色出行的普及进程中起着不可替代的关键作用。本章将围绕城市居民绿色出行的影响因素展开研究,通过文献梳理、专家访谈及实地调研等方式构建出中国城市居民绿色出行行为的理论模型,随后通过问卷调查的方式搜集数据,并用实证的方式对之前构建的理论模型与研究假设进行检验。

4.1 城市居民绿色出行影响因素的识别

4.1.1 个人影响因素

个人影响因素主要是指居民自身可以控制的因素,如心理、认知等,个人影响因素在城市居民绿色出行行为中所起到的作用因人而异,具有个性化和差异化等特点。每一个居民经历不同、所处环境不同,因而对环境保护、绿色出行等行为的态度、相关知识储备以及外界所带来的感知都是不同的。由于在交通、出行等研究领域的研究主要集中在城市规划、交通运输等工程学领域,个人因素对城市居民绿色出行行为的影响常常被忽略,然而其在决策中所起到的作用往往是决定性的。

1. 环境态度

在对个人因素与绿色行为之间关系的研究中,学者们主要基于三大理论展开研究,分别是心理学领域经典的计划行为(Theory of Planned Behavior,TPB)理论、可预测环境行为的 ABC(Antecedent-Belief-Consequence)理论以及价值-信念-规范(Value-Belief-Norm,VBN)理论,其中,由 Ajzen 提出的计划行为理论是指个人采取某个行为的意愿会受到其对该行为的态度、外部规范的压力与对该行为感知的控制所影响;预测环境行为的 ABC 理论则认为个人的环境行为会受到其持有的环境态度与外部条件的共同作用;而 VBN 理论指出,环境行为的产生可以由价值观、信念和规范这三者之间的作用来进行解释。本研究通过对相关文献的梳理,对以上三个理论进行了综合,将本研究涉及的环境态度定义为包含环境价值观、环境态度和环境敏感度等态度类变量在内的、广义的、人们对环境行为的看法。

(1)环境价值观

人们对环境价值观产生关注起始于 20 世纪 60 年代,在该时期,由于工业化发展,城市环境问题不断出现,环境污染、城市垃圾等现象引起了学者们的注意,于是他们开始着手研究有关人们的环境价值观对生态环境以及城市发展的影响。20 世纪 70 年代初,Dunlap 等人开发了用于测量公众环境价值观的 NEP(New Environmental Paradigm)环境范式量表。该量表在经过多次修订完善后,开始被广泛用于环境价值观的测量与研究。20 世纪 70 年代以后,随着环境价值观研究范围不断扩大,哲学、心理学、社会学等学科开始对其进行多元化的探索研究,并形成了丰富的研究成果。到了 20 世纪 90 年代以后,西方国家对环境价值观的研究主要体现在环境价值观对环境态度、环境行为等变量的影响方面。翻阅已有的期刊文献可以发现,西方对环境价值观的研究比较成熟,有关环境价值观的概念、理论与方法都形成了一定的体系。

环境价值观可以理解为是人基于自身人生观对环境问题及环境保护的看法,源于前述提出的价值-信念-规范理论,是从个人价值观体系中提取出的与亲环境行为直接相关的价值观,这一理论还将环境价值观分为三个层次,分别为利己价值观、利他价值观与生态价值观,其中利己价值观是指为满足自身的利益而去参与各种环境保护活动以减少环境问题对自身造成的负面影响;利他价值观是从人类整体的利益出发而对环境问题予以关注;生态价值观则是尊重自然环境所具有内在价值和权利,从而关心环境问题。也有其他学者就环境价值观的维度提出了不同的看法,比如 Dunlap 等学者从人与自然关系的普遍看法出发,认为环境价值观可以被划分为 5 个维度,分别为自然平衡的脆弱性、增长极限的现实、人类中心主义、人类例外主义和生态环境危机态度。

随着生态环境问题与人类社会发展之间的矛盾不断凸显,不论是出于维护个人的利益或是集体的利益,人们采取绿色行为的现象在不断增加,而已有研究也同样证实了,建立良好的环境价值观不仅能够提升个人开展环境保护的行为的意愿,同时还对人们的绿色购买、绿色出行等绿色行为有显著的促进作用,比如祖明等在研究环境价值观与购买新能源汽车的意愿的关系时发现,环境价值观能够影响消费者对新能源汽车的购买意愿,其中,利己价值观对新能源汽车购买意愿的影响并不显著,利他价值观则起到正向的影响作用,而生态价值观对新能源汽车购买意愿有负向显著的直接效应,但也存在正向显著的间接效应;王晓楠在研究阶层认同及环境价值观对垃圾分类行为的关系时发现,环境价值观不仅对城市居民的垃圾分类行为有直接效应,并通过环境行为控制表现出显著的中介效应;张琪等学者以共享单车为例,通过问卷来收集数据,对大学生环境价值观与绿色出行行为之间的关系进行研究,结果发现大学生环境价值观与绿色出行之间存在显著正相关,环境态度在两者之间起到中介作用。

(2)环境态度

树立正面积极的环境态度有助于提高人们保护环境的积极性。在学术界,很多学者认为环境态度与环境行为存在着紧密的联系,是采取环境行为的先决条件,由此这一概念受到了国内外学者的广泛关注。

在关于环境态度的概念探讨方面,不少学者给出了自己的看法:Milfont认为,环境态度是个人对环境的一种信念、感觉和行为倾向,是是否将环境保护作为重要目标的一种感觉和参与保护生态的倾向;Budu认为环境态度反映了一种关心环境的情感,它是一种心理状态,这种状态基于人类对地球上有限资源的依赖以及人类改造环境的行为与力量的信念与思考;武春友认为环境态度是指对生态环境的普遍看法和态度;陈凯等则认为环境态度是一种持久的心理反应,是个体对环境的赞同与不赞同、喜欢与厌恶等评价性感觉,是一种可以从社会化中形成的行为倾向。本研究采用了Corraliza学者的观点,将环境态度理解为居民对实施绿色出行以及环境保护行为所持有的积极或消极的评价。

在学术界,环境态度被视作可以用来预测个体环境行为的非常重要的心理变量,且目前许多研究通过实证的方法证明了积极的环境态度对个体采取环境行为是具有显著的促进作用的:Stern在对环境行为的研究中将环境态度分为两类:一类是从自身利益考虑的利己型环境态度;另一类是从整个人类的利益来关注环境保护的利他型环境态度。这两类环境态度虽然出发点不同,但是都会对环境行为产生显著影响。秦宏等对海岛居民环境友好行为的影响因素展开了研究,通过实证的方法验证了环境态度具有显著的正向影响作用,在绿色出行方面,其影响也得到了证实。例如,陈凯等在研究环境态度、引导用语与绿色出行意愿的关系时发现,虽然两者对绿色出行都有正向作用,但环境态度的促进作用大于引导用语的促进作用。

(3)环境敏感度

环境敏感度这一概念最早起源于环境教育学领域,目前不少学者对其进行了较为深入的研究,并在概念方面给出了自己的观点:比如Sia认为,环境敏感度是个人对环境的共情程度,体现了自身对环境的关注程度;而Hungerford则提出环境敏感度体现了个体对于环境价值的认可,

第4章 中国城市居民绿色出行的影响因素

具有情感属性;郑时宜的观点是,环境敏感度是使得个体认同环境价值的一种情感特质,能使个体对环境产生欣赏等情感;此外,孙岩认为,环境敏感度是个体看待环境的情感特质,是个体对环境的发现、欣赏、探索和关心。综合以上学者的观点,本研究认为,环境敏感度是个体能够发现并认同环境具有的内在价值,并能够欣赏、关心环境的情感特质。上述学者的研究通过对样本数据的多元回归分析也证实了,环境敏感度能够很好地对环境行为变异量进行解释。

2.环境知识

除了环境态度,学者们对环境知识与绿色行为之间的关系也给予了非常高的关注。在定义方面,Lariche认为,环境知识是指个体辨识与环境保护相关的概念、常识和行为模式的能力;而Zsoka则提出环境知识是对环境问题现状、问题解决方案的了解程度。而我国学者也提出了自己的看法:高键认为,环境知识是指消费者具有的与环境保护相关的知识,包括自然环境知识、环境问题知识和环境行动知识;而李秀芹认为,环境知识是指个体对资源环境以及相关问题解决方案的系统认知,根据涵盖内容的不同可以分为自然环境知识、环境问题知识和环境行动知识,其中环境行动知识是指个体对采取措施解决环境问题的认知,环境问题知识是个体对资源过度使用后果的认知。

除了对环境知识的概念与内涵进行探讨,为了使得研究结果更为准确,学者们还将环境知识进行了分类:Schahn和HoIzer将环境知识(Environment Knowledge)分为两类:事实环境知识和行动环境知识。事实环境知识是指笼统的、基础性的与环境相关的知识;行动环境知识是指实施某种行为所需掌握的具体的知识。而Frick和Kaiser等人则将环境知识分为三类:第一类是自然环境知识;第二类是环境资源知识;第三类是环境行动知识。自然环境知识是生物、地理类的知识,如生态系统的构成,生物多样性等;环境资源知识包括自然资源种类、利用及再生情况以及资源的稀缺等问题;环境行动知识包括保护环境的行为内容及具体的步骤。

在环境知识与环境行为的关系方面,国内外不少学者都进行了研究:Marcinkowski通过其研究证明,环境知识与环境行为之间存在正相关性,环境知识越丰富,行为越倾向于对环境有利的方向,特别是具体的行动知识与环境行为相关性最强。Hines在其研究中证明了环境知识是直接影响行为意向的,而非通过改变环境态度来影响行为意向的。我国学者祝伟等人在对城市居民出行方式选择影响因素的研究中,在贝叶斯网络的出行方式选择模型的基础上加入居民环境知识等个性变量,并证明了环境知识对出行方式的选择的影响力。在我国,不少学者也证明了环境知识对绿色行为的正向影响作用:张萍在对2013年中国社会调查的数据进行统计分析后发现,我国居民的环境行为整体上还有待提高,而环境知识则是个体领域影响环境行为的重要因素,应该予以重视。胡意平以蓄电池企业的员工作为调查样本,发现环境知识对环境知识共享、绿色行为意愿表现出正向影响,并且能通过绿色行为意愿间接对绿色行为产生正向影响;此外,高孟菲等同样验证了环境知识与环境友好行为之间存在着正向相关关系。

3.主观规范

主观规范(Subjective Norm)是在理性行为理论中被提出的,解释为人们自认为对自己有影响的人对自己行为期望的感知。主观规范这一因素理解起来没有环境态度和环境知识直观,许多人误将主观规范解释为周围环境及周围人对行为人在实施行为时所产生的压力或影响,这样的理解将主观规范的主体变成了周围的人及环境,而不再是行为人本身了。主观规范实际上是行为人的一种认知,一种对周围事物以及周围人对自己的影响及期望的一种认知。

Bamberg和Ajzen在其对居民出行行为的研究中指出,主观规范主要表现在两个方面:一是个体感受到的来自外界的期望;二是个体对他人的依从心理。这种认知是由行为人产生的,它的主体是行为人自己,所以本研究将其归类为个人因素之中。Young将人类对这种来自周围环境的感知力分为动力型感知和阻力型感知。动力型感知是指人在实施某种环境行为时因得到周围人的认可或附和而产生的满足感,这种满足感可以对该环境行为起到激励的作用;阻力型感知是与动力型相反的因实施某环境行为未得到认可或受到非议的挫败感。Sirriyeh等人在对个人驾车出行的行为调查中发现,周围人对其行为的肯定是导致其结果的重要因素,其研究进一步表明男性出行者更容易受到这种感知的影响而单人驾车出行。Breukelen等针对白领族群的出行方式进行研究,研究证明白领族的出行行为受到所在群体的影响,当一个群体表现出较高的环境关切时,其中个体实施绿色出行的概率高出一般水平。

4.1.2 环境影响因素

环境影响因素主要是指居民个人不可控制的客观因素。环境影响因素在城市居民绿色出行行为中所起到的作用具有普遍性与共性,任何一个居民只要实施绿色出行行为,就会不可避免地受到环境因素的影响,且自身无法控制。针对绿色出行的环境因素,樊建强认为,环境因素包括软性因素和硬性因素。软性因素主要指交通政策法规以及教育宣传等,硬性因素主要指交通设施布局等。据此,本研究将绿色出行的环境因素归结为公共宣传、政策法规、交通设施等。

1.公共宣传

公共宣传(Publicity Propaganda)是指政府或其他组织将与绿色出行有关的信息、知识通过教育、广告等方式传递给居民。公共宣传是政府推广、引导居民活动最常用的手段。绿色出行活动推广初期,宣传活动几乎从未间断过,包括向学生发放绿色出行倡议书,通过世博会、亚运会等大型活动大力宣传绿色出行的意义等。

据统计,通过这些宣传推广活动,绿色出行概念在我国城市人口中的

生活方式绿色化之绿色出行

普及度已达到 63%,这些人中对绿色出行方式比较了解的人占到了总数的三分之一。这一数据说明对绿色出行的宣传活动起到了一定的作用,我国城市居民经历了从未听说过绿色出行到超过六成的人对绿色出行有了初步的认识的过程。

Ahmed 在对北京和卡拉奇的居民交通出行行为比较的研究中提出,政府的教育对居民出行习惯的养成起到正向促进作用。我国学者苏城元等对上海的交通问题进行研究发现,在上海,世博会对绿色出行的宣传力度比较大、相关活动密集,上海市民绿色出行率在世博会期间有明显的提升,主要体现在上海市低碳交通发展指数上升到 0.405 7,是 2008—2012 年五年间的最高值。Okata 指出,对于公众参与性的活动,宣传力度决定了参与度的高低,宣传力度大、范围广则公众参与度高,反之则公众参与度会降低。由此看来,对像绿色出行这样以公众为主题的环境行为来说,公共宣传所产生的影响不论是在学术界还是在政府都得到了普遍认可。

目前我国进行绿色宣传的方式主要有:

(1)纸质媒体

该方式具有易传播、可重复、成本低与受众面广的优点。但是也存在着目标不明确,不易保存、滞后与表现单一的缺点。以目标不明确为例,在一般情况下,纸质媒体都没有针对性的受众群体。广泛的发布导致纸质媒体的泛滥,既浪费了资源又污染了环境,并且像 DM 单之类的宣传还让受众有了抵触的心理。

(2)电视媒体

电视媒体的优点主要有传播面广、冲击力和感染力较强、渗透力强与可不断加深印象等。其缺点主要在于存在时间短暂。一般来说,宣传广告时长多为几十秒,观众可能稍不留意就错过了。

(3)网络媒体

网络媒体的优点在于传播速度快,网络覆盖面广,网络媒体内容丰富与互动性强。但是与其他宣传方式一样,其也有不足之处,例如,网络媒体信息选择困难,尤其是在信息大爆炸的当下,此外其还存在真假难辨与安全性低的问题。

随着信息时代的来临,截至2020年3月,我国网民规模数量突破9亿,人们使用手机上网的比例高达99.3%,因此今后的宣传方式也应结合"互联网+"的模式,在规避网络宣传的短处时,尽量提高绿色出行等绿色行为的宣传力度与影响力,最终实现全民绿色意识的提高,使得越来越多的人开展绿色实践行为。

2.政策法规

在本研究中,政策法规(Policies and Regulations)指的是政府部门制定的与居民日常出行行为相关的文件,文件既包括政府部门出台的交通政策,目的是指导我国交通发展的大趋势;也包括各级政府颁布的具体的实施办法,目的是为居民日常出行行为起到规范作用。交通政策一般包括公交补贴、控制私家车出行量、提高新车购置税及其他税款等。

在学术界,不少学者经过研究出台的绿色出行的相关政策对居民绿色出行的行为是能够起到促进作用的。例如,Eliasson和Proost在研究中发现,若政府给予公共交通补贴,则愿意乘坐公共交通出行的居民数量会显著增加。Sardianou等认为,若想限制私家车出行,则收取车辆购置税、增值税、停车费、拥堵费等对私家车进行限行或治理拥堵的政策会比收取燃油税更有效果。在基础设施建设方面的政策中,Schwane等研究发现,若完善公共交通的基础设施建设,优化公共交通站点设置,合理设置公共交通路线、频次等,完善公共交通服务水平,则可以促使居民在出行时选择更加绿色的公共交通出行方式。在技术性政策方面,Corman认为在互联网时代,网约车、智能交通系统等技术能够显著影响居民的出行方式。Cervero在对美国城市交通政策的演变的研究中发现,绿色交通政策法规的完善与推广提高了绿色出行率,特别是公共交通出行率。Altshulert更在其研究中明确提出政府对市民公共交通实行补贴改变了居民的出行意愿,在从前很少考虑乘坐公共交通的居民中,有41%的人产生了将以公交出行列入出行方式的考虑范畴。

在实践中,针对交通堵塞与汽车尾气排放污染环境的问题,国内外都出台了一些促进居民绿色出行可借鉴的政策,根据其性质可将其分为限制性政策与鼓励性政策两种,这部分在第2章中有提及,在此不再赘述。这里对北京市出台的政策法规进行一个补充。北京市于2019年发布实施《北京市绿色出行行动计划》,使轨道交通更加完善,公交网线更加优化,步行自行车出行环境更加友好,公众使用绿色低碳方式出行意愿更加强烈。通过政策法规的引导,中心城绿色出行比例以年均1个百分点的速度持续攀升,由"十二五"末的70.7%提升至2019年底的74.1%,自行车出行比例由2015年的9.5%上升至2019年的12.1%。由此数据可以看出,目前以规范和引导为主的交通政策法规对提升城市居民绿色出行率起到了一定的作用。

3.交通设施

本研究中提到的交通设施主要是指与城市居民出行相关的所有硬件设施,包括城市交通配套设施(停车场设施、公路公交设施、实证道路公交设施、轨道交通设施等)以及交通规划布局等方面。交通设施与城市交通息息相关,是日常居民出行行为的载体,也是许多专家学者研究交通问题的着眼点。

第2章所提到的杭州公共自行车出行系统即绿色交通设施规划的典型案例。另外,Schwanen等运用MixedLogit等模型验证了出行方式选择与商业区和非商业区公共交通站点的设计及其他配套设施的完备程度相关,合理的公交站点设计及完备的交通设施利于居民选择公共交通,从而减缓交通拥堵等问题。

为推动我国绿色出行的实施,原交通运输部、国家发展和改革委员会于2020年7月24日印发了《绿色出行创建行动方案》(交运函〔2020〕490号),文件指出,要完善基础设施,优先发展公共交通,推动交通服务创新升级。由此可见,交通设施的完备性对于推广绿色出行,提高人们参与度的重要性。

4.1.3 社会人口统计变量

除了环境因素,很多社会学领域的专家针对社会人口统计变量与绿色出行的关系进行调查。通过这些调查可以看出,一些社会人口统计变量与居民出行方式的选择有密切关系。社会人口统计变量是对人群特征进行描述的一组数值,包括性别、年龄、职业、学历及家庭人均收入等,具体到本研究还应包括与居民出行相关的变量,如是否有小汽车、是否有驾照等。

在年龄方面,有学者经研究发现,在公众对环境关心的年龄分布上面存在着显著差异,具体表现为青年人群体对环境问题的关注程度总体上要明显高于老年人群体。例如,通过回顾历年来西方国家民众自发举行的一些环境运动,我们可以发现,在活动参与主体方面,年轻人的热衷度显著高于老年人。年龄差异带来的对环境问题的关注度不同于这一现象,目前学术界有不少学者提出了自己的看法,但总的来说可将其归纳为生命周期效应和同期群效应这两个角度。比如,从生命周期的角度讲,由于年轻人相对于老年人来说,在社会结构中处于被支配的地位,因此其在改变现有社会地位方面的意愿更为强烈,其较高的环境关心水平可以是这一意识的体现;在同期群效应方面,由于年轻人与老年人成长的社会背景和年代不同,所受到的一些社会文化、历史事件的影响也就不一样,因此这两个群体之间的生活态度或价值观念也就存在差异,最终导致其在对待环境问题上的关心程度也就不一致。

此外,还有一些学者的研究同样验证了社会人口统计变量与环境行为的关系:其中 Xiao 的研究表明,性别差异也会导致个体绿色行为的不同,比如女性会更倾向于参与属于私人领域的环保行为,而男性则更愿意去参加一些诸如环保游行等公共领域的环保行为。Stern 指出,具有较高社会地位、学历、收入的人群综合素质较高,表现出较强的环境关切,有较强的环境预测能力及解决环境问题的能力,通过这些变量还可以直接对环境行为进行预测。在上海世博会期间,王雯静运用 SPSS 对调查问卷进行分析,建立了居民年龄、收入以及驾龄与出行方式选择的 Logit 模型,并据此为相关政策的制定提出建议。Joachim 用集群稳健回归技术对德国面板数据进行假设验证,最后得出社会角色、经济实力的不同对居民出行方式的选择产生影响。许多环境行为的研究认为,性别与环境行为的实施有很大的关系,表现在女性比男性更注重环境保护,王彧针对此现象对不同年龄段女性的出行行为进行了调查,发现女性更容易关心环境,实施绿色出行,并且随着年龄、收入等的变化而变化。Ettenia 等运用结构方程、Logit 模型等方法得出,通过家庭收入、年龄、性别、学历等社会人口统计变量可以在一定范围内对出行行为进行预测。

4.2　绿色出行影响机理模型构建

目前对于环境行为以及绿色出行行为的研究理论模型主要集中在两个方向:一是着重对行为形成过程进行的研究,即决策过程理论相关模型;二是着重对影响行为形成的因素进行研究的影响因素相关模型。两类研究各有侧重点及局限性,本研究对绿色出行行为的研究力图将两类理论模型相结合,构建绿色出行行为的形成机制模型。

第 2 章中提到了在社会学、心理学方面研究环境行为的一些经典的理论,其中重点介绍了理性行为理论与 ABC 理论,这两组理论经过大量的实证分析,被证实对环境行为具有较好的预测能力和解释能力。两个理论的侧重点各有不同,理性行为理论侧重于分析心理决策过程的研究,而 ABC 理论则更注重对行为决策影响因素及其相互关系的解释与分析。两个模型具有各自的优势,为本研究模型构建提供了重要参考。本研究力图将以 TRA 理论为代表的决策过程理论和以 ABC 理论为代表的影响因素理论有机地融合在一起,并结合其他主流理论模型中的要素,在构建假设模型时打破单一学科视角,全面反映绿色出行行为的影响因素及影响过程。

第4章 中国城市居民绿色出行的影响因素

首先,根据 TRA 理论与出行行为形成过程理论,出行行为决策过程是受到行为意向影响的,而行为意向又受到影响因素的制约。Hines 在其研究的负责任的环境行为模型中也提出了环境行为是受到行为意向的直接影响,详见图 4-1。计划行为理论的创始人 Ajzen 应用该理论对居民的出行行为选择做出研究,并通过分析得出居民的出行行为是行为的理性选择,这种行为与行为意向间有很强的关联。另外,由于绿色出行在我国并未得到广泛推广,一些出行行为受到客观条件的限制无法实施,所以本研究采用行为意向代替行为进行测度,并将行为意向归纳为说服型意向和自律型意向两类。所以模型主线部分由影响因素、行为意向以及行为组成。

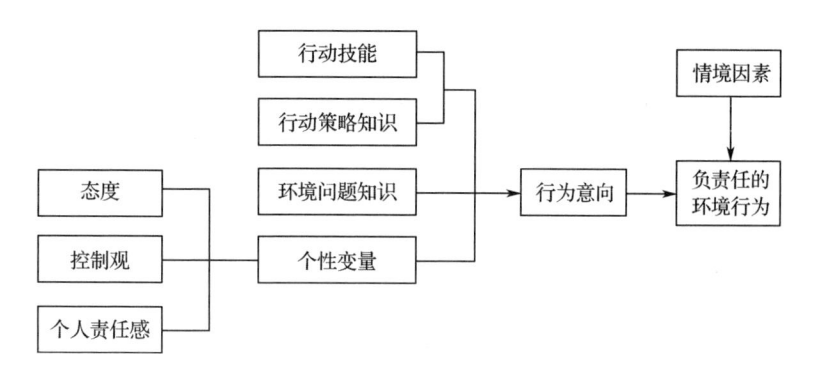

图 4-1 Hines 的负责任的环境行为模型

其次,对于环境因素如何作用于绿色出行行为,柴彦威等都对中介变量进行过研究,并发现社会环境、居住位置等属性均会对居民的环境意识产生影响,从而影响居民的行为意向。出行行为形成过程模型中指出,不论是在出行之前的决策过程还是出行过程中居民的心理状态,会随着出行环境的改变而改变,即环境因素通过作用于个人因素而对出行意向产生影响。另根据 ABC 理论,环境因素与个人因素共同作用于行为或行为意向,而由理性行为理论演变而来的计划行为理论也认为环境因素(情境因素)可以直接影响行为意向。综合上述两种主流观点,环境因素既作用

113

于个人因素,通过改变个人因素进一步影响行为意向,又直接作用于行为意向。也就是说,个人因素将作为环境因素与行为意向的中间变量,起到中介作用。

最后,社会人口统计变量是在对城市居民环境行为进行研究时被考虑的重要因素,Barr 在其生活垃圾管理行为概念框架中指出社会人口统计变量会直接对居民的行为造成影响。

综上所述,我国城市居民绿色出行行为假设模型如图 4-2 所示。

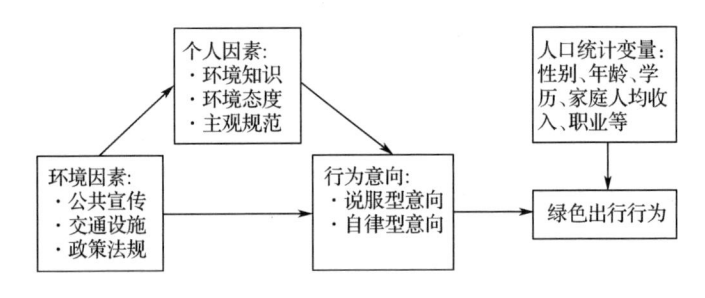

图 4-2 我国城市居民绿色出行行为假设模型

4.3 城市居民绿色出行影响因素的关系分析

4.3.1 问卷设计及发放

1.问卷设计

问卷设计的目标是反映城市居民日常出行的影响因素以及心理决策过程。由于我国绿色出行仍处于发展和推广阶段,政策法规相对不健全,交通设施以及宣传教育还不到位,可能会造成居民的意愿、认知与客观现实不对等,所以问卷设计过程中一部分题项是可以根据日常出行实际情况直接获得的,另一部分题项则通过居民出行的心理反应、主观认知甚至

第4章　中国城市居民绿色出行的影响因素

想象而获得。因此,本研究问卷所开发的题项主要依据两种调查方法:RP调查法、SP调查法,它们在居民出行行为选择中被广泛应用。

(1)RP调查法

RP(Revealed Preference)调查主要对已经付诸实施的政策或已经存在的设施进行相关调查,请被调查者根据他们已经发生的实际出行行为或相关行为填写题项。RP调查法有利于了解我国城市居民绿色出行现状以及个人特征,且可靠性较高。

本研究利用RP调查法调查的主要内容包括:

社会人口统计变量:性别、年龄、职业、是否有驾照、家庭汽车数量、学历、家庭人均收入等。

出行行为:主要包括是否经常乘坐公共交通出行,是否经常步行或骑自行车出行,是否曾听别人劝说乘坐公共交通,以及是否曾劝说他人乘坐公共交通等。

影响因素:RP调查法涉及的影响因素主要针对的是环境因素,包括是否响应宣传号召实施绿色出行,是否了解并遵循政策法规,是否满意交通设施而实施/不实施绿色出行行为等。

RP调查法中变量选择范围有限,不能对目前一些现实中并不存在的选择行为、政策以及设施等进行调查,如:一些城市并未建立公共自行车系统,还有一些城市并未制定限号政策等,因此想要通过RP调查法了解与这些信息相关的问题是比较困难的,想要构建完整的数据模型,就要借助另一种调研方法——SP调查法。

(2)SP调查法

SP(Stated Preference)调查法和RP调查法相反,是针对假定条件下的方案所表现出来的主观偏好而进行的提问。由此方法得到的数据并非行为显在化的数据,而是通过被调查者对假设的想象做出选择。SP调查法最早起源于经济学领域,目前在出行方式选择、出行路线选择等方面得到广泛应用,该方法适用于对居民主观意愿以及心理认知的调查,常被应用于调查出行者对某项将要出台的交通管理政策或法规的偏好以及对交通设施建设的意愿,为政策方案的制定、交通设施的优化提供具有预测性的仿真数据。

本研究利用 RP 调查法调查的主要内容包括:

出行行为意向:主要概括为是否愿意实施绿色出行,是否会响应政府或他人的号召、劝说实施绿色出行等。

影响因素:主要针对个人因素环境态度、环境知识以及主观规范,还包括环境因素中一些未实施的部分。

SP 调查法也存在一定的局限性:一是调查时考虑因素过于全面,涉及的题项将会过多,影响调查效果;二是被调查者可能是在未体验、非现实的条件下做出的选择,而并非客观判断,使得调查数据的准确性下降,故在量表开发过程中本研究将两种调查方法相结合,特别是对影响因素部分的设计尽量将各个部分题项混合,以使调研数据兼具准确性与全面性。表 4-1 对两种调查方法的特点进行了对比。

表 4-1　　　　　　SP 调查法和 RP 调查法特点分析比较表

方法	SP 调查法	RP 调查法
特点	能够获得"并不存在"的偏好数据,可以处理当前不存在的替代方案	处理可以观察到并且已经发生的行为,不能处理目前不存在的方案
	可以将一个属性的效果与其他属性效果相分离	属性之间的作用有多重共线性
	能够自由设计属性、水平值和属性间的转换关系	属性、水平值和属性间的转换关系已经确定
	能够完全控制选择方案	分析员必须在选择方案是客观存在的前提下进行分析
	一个回答有多项选择,即 SP 调查法可以得到多个数据,调查规模通常比 RP 调查法规模小	一个回答者只得出一个确定数据,调查规模通常较大
	回答内容未必与实际行动相一致	回答内容直接反映实际行动

RP 调查法和 SP 调查法在应用上有一定的差异性,如果单独使用某一个部分,在调查中有可能出现无法补救的缺陷,所以两种方法经常在调

第4章 中国城市居民绿色出行的影响因素

查中结合使用,这不仅可以反映出灵活性,还可以获得更加可靠的数据资料。从调查居民的绿色出行行为角度来看,两种调查方法分别适合不同的方向。RP调查法主要可以获取社会人口统计学变量和出行者的实际出行行为的属性,而SP调查法则侧重调查出行者的出行及选择因素偏好等。此外,因为我国不同城市的交通状况不尽相同,每个城市都有不同的客观条件,对于该部分的题项可以采用SP调查法进行。RP数据和SP数据是相辅相成的,因此模型的校准可以更加准确,可操作性更强。同时,RP数据能够纠正SP数据的误差,并且两者结合能够更有效地获得效用函数中的公共变量,同时确认出行者出行行为受到新政策措施、交通方式以及公共宣传等的影响程度。

本研究问卷设计开发的具体操作步骤如下:

首先,确定研究构面及维度,即按照假设模型中涉及的因素(变量)等进行整理,确定问卷的主要内容及构成。本研究主要假设模型中的主要构面由内环境因素、行为意向、行为以及社会人口统计变量构成,其中个人因素包括环境态度、环境知识、主观规范三个维度,环境因素包括公共宣传、政策法规、交通设施三个维度。

其次,确定代表每个构面及维度的具体题项。本研究通过查阅文献搜集相关问题,并通过对专家、学者以及居民的访谈进行筛选和补充。在考虑理论依据的前提下,结合我国的具体国情及居民的生活特点,确定具体的题项。

最后,对问卷进行预调研。预调研共进行两次:第一次主要测试问卷的长度,题项的理解难度、合理性等,调研对象为20名在读研究生;第二次预调研的主要目的是进一步对问卷进行改进,并检测问卷的信度和效度,调研对象为60名MBA学生。

根据本研究的假设模型,问卷分为四个主要部分,共58个题项。除第四部分社会人口统计变量外,前三部分统一采用李克特5级量表,问卷具体构成见表4-2。

表 4-2　　　　　中国城市居民绿色出行行为影响因素量表构成

题项编号	构面	维度	参考量表	调研方法	李克特级数
Q1.1~Q1.15	个人因素	环境知识	Sia,Hungerford & Tomera,1985/86 Hsu&Roth,1998	RP、SP	5级
		环境态度	John Thogersen,2006 Stern,2000	RP、SP	
		主观规范	Bamberg et al,2007 Verplanken et al,1998	RP、SP	
Q1.16~Q1.35	环境因素	公共宣传	苏城元等,2012	RP、SP	5级
		政策法规	范志杰等,2009	RP、SP	
		交通设施	Tim Schwanen,2001	RP、SP	
Q2.1~Q2.10	行为意向	说服型	Christian A. Klockner,2010	SP	5级
		自律型	Christian A. Klockner,2010；Bamberg et al,2007	SP	
Q3.1~Q3.6	行为	单维	Kaiser,2003；Smith-Sbasto&D'costa,1995	RP	5级
Q4.1~Q4.7	社会人口统计变量	单维	Golob,2003；王彧,2011	RP	不定

2.问卷发放

本研究探讨内容为我国城市居民绿色出行行为影响因素,在被调查者选择时需要考虑到一些客观因素,如被调查者生活的城市是否有较为完备的交通设施与相应的法律法规,该城市交通发展是否具有代表性,是否举办过绿色出行活动的宣传推广等。被调查者所在城市交通设施越完备,交通发展越具代表性,对本研究的调查越为有利。考虑到以上因素以及便利性、随机性、广泛性等问题,本研究选取北京、天津两个大型城市作为调研的主体,北京发放 150 份问卷,天津发放 100 份问卷,另外在旅游城市大连、中型城市石家庄也各发放了 50 份问卷,总共发放问卷 350 份。为确保有效率,问卷主要请熟人在各自的公司、学校或者俱乐部发放,涉及单位有国企、高校等,涉及被调查者身份包括教职工、学生、公务员以及离退休人员等。共回收有效问卷247份,有效率为达到70.6%。

4.3.2 问卷数据收集与统计分析

1.问卷数据收集

在247份有效问卷中,男性所占比例为57.1%,高于女性,这符合在日常生活中出行驾车的较多为男性的实际情况。年龄在20~50岁的被调查者占到93.2%,这与我国国情相符,未成年人和年龄过高者不能驾车。另外,考虑到对城市居民出行情况了解的全面性,在调研过程中刻意选取较多的有驾照居民或有车族,只选取了较少的无驾照居民或者无车族进行补充和完善。在被调查者的职业中,企(事)业单位工作人员和公务员的比例达到了59.1%,对本研究有利,原因是上班族是城市居民日常出行的主力军,且这一部分人大多数受过高等教育,对问卷内容的理解较为精准,可以更好地回答题项中的问题。被调查者具体情况详见表4-3。

表4-3　　　　　　　　　　被调查者基本数据描述

社会人口统计变量		样本数	百分比/%
性别	男	141	57.1
	女	106	42.9
年龄	20岁以下	8	3.2
	20~30岁	101	40.9
	30~40岁	100	40.5
	40~50岁	29	11.7
	50岁以上	9	3.6
职业	企(事)业单位工作人员/公务员	146	59.1
	学生	34	13.8
	个体	30	12.1
	蓝领	20	8.1
	教职工	8	3.2
	退休人员	9	3.6

(续表)

社会人口统计变量		样本数	百分比/%
是否有驾照	是	207	83.8
	否	40	16.2
学历	博士研究生	5	2.0
	硕士研究生	72	29.1
	本科生	113	45.7
	大专生	42	17.0
	其他	15	6.1
家庭人均月收入	2 000元以下	13	5.3
	2 000~5 000元	124	50.2
	5 000~1 0000元	96	38.9
	1 0000元以上	14	5.7

2.描述性统计分析

本节对问卷主题部分内环境因素、行为意向和行为分别进行描述性统计分析,对每部分具体题项的均值、标准差、众数等进行统计,初步掌握各部分的情况。在四部分中,行为部分共包含6个题项;行为意向部分共涉及10个题项;环境因素共包含20个题项;个人因素共涉及15个题项。具体描述性统计分析的结果依次见于表4-4～表4-7。

表4-4　　　　　　　　绿色出行行为描述性统计分析

题项编号	均值	众数	标准差
Q3.1	2.032 7	2	0.993 21
Q3.2	2.785 0	3	0.863 74
Q3.3	2.945 7	3	0.918 36
Q3.4	2.881 6	3	0.800 28
Q3.5	2.159 8	2	0.893 47
Q3.6	3.237 2	3	0.952 67

根据表4-4中的数据,绿色出行行为的均值集中在2.0~3.3,这表明被调查者的绿色出行率一般偏低。Q3.1是在平常出行时在公交车和小

第 4 章　中国城市居民绿色出行的影响因素

汽车中间的选择,均值在 2 附近表明大多数居民在出行时不经常乘坐公交车代替小汽车;Q3.5 是指是否曾经劝说周围人一起实施绿色出行,其众数为 2 表示大部分人很鼓励他人一起实施绿色出行。Q3.6 的均值超过 3,这点反映了与其他条件相比支系发达的交通路段,被调查者步行或开汽车的概率更高。

表 4-5　　　　　　　　　　行为意向描述性统计分析

题项编号	均值	众数	标准差	题项编号	均值	众数	标准差
Q2.1	3.631 6	4	0.974 21	Q2.6	3.473 7	4	0.844 83
Q2.2	3.574 9	4	0.663 71	Q2.7	3.275 3	3	0.672 57
Q2.3	3.481 8	4	0.918 79	Q2.8	3.417 9	4	1.151 26
Q2.4	3.441 3	4	0.899 18	Q2.9	3.607 3	4	0.793 54
Q2.5	3.295 5	4	0.849 26	Q2.10	3.562 8	4	0.842 90

由表 4-5 中的数据可以看出,行为意向的均值集中在 3.2~3.7,即城市居民的绿色出行意向集中在保持中立与愿意之间,除 Q2.7 外,其他题项的众数均为 4,即表示愿意实施绿色出行的居民人数最多。以上数据显示,我国居民已经具备一定的绿色出行意愿,但与表 4-4 相比,行为意向各题项的均值明显偏高,这说明意愿并不完全等同于实际行动,证明了行为意愿和行为之间存在差异。

由表 4-6 中数据可以看出,Q1.22~Q1.26 对应的交通法规的制约对居民绿色出行选择的均值及众数与其他题项相比较低,但单从这方面来看不足以反映问题,原因是针对绿色出行的具体政策法规,如题项中反映的汽车限行、相关税费征收额度、公交补贴以及小汽车限购令等在各个城市的实施标准皆有不同,甚至某些条例在调研的部分城市中并未实施,造成居民在选择过程中出现一定偏差。

表 4-7 中的数据显示题项 Q1.2~Q1.4 的均值均低于 3.2,这三个题项内容表达的是对绿色出行及具体相关信息的关心程度。与之相比,

表 4-6　　　　　　　　　　环境因素描述性统计分析

题项编号	均值	众数	标准差	题项编号	均值	众数	标准差
Q1.16	3.571 4	4	0.909 87	Q1.26	3.244 9	3	0.733 58
Q1.17	3.559 2	4	0.932 98	Q1.27	3.771 4	4	0.917 05
Q1.18	3.698 0	4	0.982 74	Q1.28	3.604 1	4	1.021 48
Q1.19	3.779 6	4	0.971 09	Q1.29	3.542 9	3	1.084 16
Q1.20	3.771 4	4	0.852 19	Q1.30	3.591 8	4	0.930 33
Q1.21	3.522 4	4	0.912 41	Q1.31	3.677 6	4	0.944 19
Q1.22	3.277 6	3	0.781 78	Q1.32	3.649 0	4	0.936 10
Q1.23	3.232 7	3	0.788 59	Q1.33	3.673 5	4	1.093 72
Q1.24	3.261 2	3	0.787 41	Q1.34	3.800 0	4	1.050 37
Q1.25	3.302 0	3	0.734 54	Q1.35	3.714 3	4	0.953 85

表 4-7　　　　　　　　　　个人因素描述性统计分析

题项编号	均值	众数	标准差	题项编号	均值	众数	标准差
Q1.1	3.242 9	3	0.684 99	Q1.9	3.789 5	4	0.917 43
Q1.2	2.773 3	3	0.707 98	Q1.10	3.805 7	4	0.813 18
Q1.3	2.959 5	3	0.863 90	Q1.11	3.676 1	4	0.801 65
Q1.4	3.190 3	3	0.727 11	Q1.12	3.303 6	3	0.781 46
Q1.5	3.295 5	3	0.679 03	Q1.13	3.437 2	3	0.734 67
Q1.6	3.858 3	4	0.749 09	Q1.14	3.429 1	4	0.766 45
Q1.7	3.603 2	4	0.713 17	Q1.15	3.376 5	4	0.770 34
Q1.8	3.668 0	4	0.652 63				

Q1.6、Q1.9、Q1.10 三个题项的均值较高，均在 3.7 以上，这三个题项表达的内容是居民对环境的关切及保护环境的肯定。后者与前者相比较为宏观和抽象，从这点可以看出我国居民虽然有对环境保护与实施绿色出行的意识，但没有真正去关心其具体内容和做法，二者之间存在脱节现象。

4.3.3 关键影响因素的归纳总结

1.探索性因子分析法

探索性因子分析法(Exploratory Factor Analysis,EFA)用于发现多元观察变量结构的本质以及降维技术的处理。因此,EFA 可以将具有复杂关系的变量综合为几个核心因素。对于主因子分析,没有异常值、等距值、线形值、多变量常态分配以及正交性等情况。探索性因子分析主要是找出影响观测变量的因素数量以及每个因素与每个观测变量之间的相关程度,来试图揭示一套较大变量的内部结构。研究人员的假设是每个指标变量都匹配一个因子,并且只能通过因子载荷凭知觉推断数据的因子结构。探索性因子分析的假设主要包括:①所有的公共因子都相关(或不相关);②所有的公共因子都直接影响所有观察到的变量;③特殊(独特)因子之间彼此独立;④所有观察到的变量只受一个特殊(唯一性)因子的影响;⑤公共因子与特殊因子(唯一性)相互独立。

分析主要有七个步骤:①收集观测变量:经常使用抽样方法,依据实际情况来收集观察到的变量的数据。②构建相关矩阵:依据相关矩阵能够确定是否适合进行因子分析。③确定因子个数:依据实际情况提前假设因子个数,也能够按照特征根大于 1 的准则或者碎石准则来确定因子个数。④提取因子:根据需要来选择合适的因子提取方法,如主成分方法、加权最小平方法、极大似然法等。⑤因子旋转:因为初始因子综合较强,很难找出实际意义,因此一般都需要进行因子旋转(常用的旋转方法有正交旋转、斜交旋转等),便于对因子结构进行合理的解释。⑥解释因子结构:根据实际情况和负载大小进行具体的解释。⑦计算因子得分:利用公共因子做进一步研究,如聚类分析、评价等。

本研究根据假设模型,将题项分为个人因素、环境因素、行为意向与行为 4 组,分别进行探索性因子分析。

个人因素因子分析的过程如下:

(1)项目-总体相关分析

在因子分析之前,先对题项进行项目-总体相关分析,检验各个题项是否在其所在维度达到相关的标准,题项间具有相关性是进行因子分析的前提条件,当某个题项的相关值未达标时应予以删除,不带入下一步因子分析中。个人因素项目-总体相关分析结果见表4-8。

表 4-8 项目-总体相关系数

题项编号	相关系数	题项编号	相关系数	题项编号	相关系数
Q1.1	0.360**	Q1.6	0.406**	Q1.11	0.418**
Q1.2	0.354**	Q1.7	0.456**	Q1.12	0.363**
Q1.3	0.350**	Q1.8	0.428**	Q1.13	0.372**
Q1.4	0.393**	Q1.9	0.397**	Q1.14	0.368**
Q1.5	0.373**	Q1.10	0.363**	Q1.15	0.359**

注:**在0.01水平(双侧)上显著相关。

根据分析结果,个人因素各个题项的相关系数均在0.35以上,所有题项予以保留,均可带入下一步进行主成分提取。

(2)探索性因子分析

探索性因子分析研究的是相关矩阵内部依存关系,将多个变量x_1, x_2, x_3, $\cdots$, x_n综合为少数几个因子F_1, F_2, F_3, $\cdots$, F_m,以再显示因子之间相关关系的一种统计方法,因子分析的本质是将所包含信息相似或相同的题项归类为一个新的因子,从而达到减少变量个数的效果。除了相关系数外,KMO(Kaiser-Meyer-Olkin measure of sampling adequacy)值是检验题项是否适合进行因子分析的另一个指标,KMO值越接近1,说明越适合作为因子分析,一般情况下KMO值达到0.80则认为适合做因子分析。

对个人因素的15个初始变量进行因子分析,题项的KMO为0.835,大于0.80,证明原始变量间存在相关性,适合做因子分析。采取特征根大

第4章 中国城市居民绿色出行的影响因素

于1的标准及方差极大旋转法,提取3个新因子作为这15个题项的主因子,具体见表4-9。

表4-9　　　　　　　　　　个人因素因子分析

个人因素题项	贡献率/%	克朗巴哈系数	主因子 1	主因子 2	主因子 3
Q1.6			**0.793**	0.162	0.095
Q1.7			**0.784**	0.201	0.240
Q1.8	31.756	0.818	**0.782**	0.170	0.179
Q1.9			**0.824**	0.091	0.109
Q1.10			**0.796**	0.081	0.029
Q1.11			**0.785**	0.177	0.134
Q1.12			0.205	**0.777**	0.115
Q1.13	25.283	0.898	0.160	**0.810**	0.160
Q1.14			0.163	**0.853**	0.003
Q1.15			0.136	**0.849**	0.117
Q1.1			0.189	0.152	**0.724**
Q1.2			0.056	0.057	**0.726**
Q1.3	19.683	0.870	0.033	0.195	**0.823**
Q1.4			0.236	0.200	**0.742**
Q1.5			0.148	0.293	**0.701**

注:提取方法:主成分分析法。旋转方法:具有Kaiser标准化的正交旋转法。a.旋转在5次迭代后收敛。

通过因子分析共提取3个主因子,每个主因子所含题项的克朗巴哈系数分别为0.818、0.898、0.870,即内部信度系数均在0.700以上,符合因子构造的内部一致性的要求。根据探索性因子分析所得结果及每个因子所包含原始变量信息,本文将主因子1命名为环境态度(MA),将主因子2命名为主观规范(MS),将主因子3命名为环境知识(MK)。其中,环境态度的贡献率为31.756%,主观规范的贡献率为25.283%,环境知识的贡献率为19.683%,累计贡献率为76.722%,表明3个主因子累计反映原始信息的76.722%。

环境因素因子分析过程如下：

(1)项目-总体相关分析

与个人因素因子分析过程相同,首先对环境因素所有题项进行项目-总体相关分析,剔除相关系数低、不符合进行因子分析标准的题项。具体分析结果见表 4-10。

表 4-10　　　　　　　　　　项目-总体相关系数

题项编号	相关系数	题项编号	相关系数	题项编号	相关系数
Q1.16	0.339**	Q1.23	0.371**	Q1.30	0.388**
Q1.17	0.344**	Q1.24	0.397**	Q1.31	0.393**
Q1.18	0.333**	Q1.25	0.388**	Q1.32	0.426**
Q1.19	0.373**	Q1.26	0.380**	Q1.33	0.382**
Q1.20	0.355**	Q1.27	0.376**	Q1.34	0.391**
Q1.21	0.389**	Q1.28	0.374**	Q1.35	0.353**
Q1.22	0.368**	Q1.29	0.344**		

注：**在0.01水平(双侧)上显著相关。

根据表 4-10 分析结果,环境因素题项的相关系数在 0.35 以上的题项予以保留,均可带入下一步进行主成分提取。

(2)探索性因子分析

对环境因素做因子分析,题项的 KMO 为 0.888,大于 0.70,说明原始变量间存在相关性,非常适合做因子分析。采取特征根大于 1 的标准及方差极大旋转法,提取 3 个主因子。环境因素的因子分析结果详见表 4-11。

环境因素通过降维提取出三个主因子,其信度分析的克朗巴哈系数分别为 0.896、0.915、0.899,符合内部一致性要求。根据每个主因子所涵盖的题目内容,将这 3 个主因子分别命名为交通设施(XF)、交通政策(XP)和公共宣传(XB)。3 个因子的贡献率分别为 32.2%、26.8% 和 21.5%,累计贡献率为 80.5%,说明 3 个因子可以解释问卷中 80.5% 信息量。

第4章 中国城市居民绿色出行的影响因素

表 4-11　　　　　　　　　　环境因素因子分析

环境因素题项	贡献率/%	克朗巴哈系数	主因子 1	主因子 2	主因子 3
Q1.27			**0.805**	0.026	0.181
Q1.28			**0.751**	0.079	0.128
Q1.29			**0.716**	0.078	0.056
Q1.30			**0.724**	0.138	0.212
Q1.31	32.230	0.896	**0.810**	0.175	0.046
Q1.32			**0.873**	0.102	0.163
Q1.33			**0.641**	0.405	−0.041
Q1.34			**0.751**	0.224	0.102
Q1.35			**0.765**	0.159	−0.040
Q1.21			0.182	**0.665**	0.324
Q1.22			0.124	**0.800**	0.213
Q1.23	26.818	0.915	0.183	**0.703**	0.262
Q1.24			0.159	**0.887**	0.152
Q1.25			0.181	**0.839**	0.156
Q1.26			0.136	**0.887**	0.141
Q1.16			0.125	0.146	**0.816**
Q1.17			0.147	0.188	**0.740**
Q1.18	21.483	0.899	0.038	0.214	**0.822**
Q1.19			0.106	0.179	**0.875**
Q1.20			0.109	0.247	**0.785**

注：提取方法：主成分分析法。旋转方法：具有 Kaiser 标准化的正交旋转法。a.旋转在 5 次迭代后收敛。

行为意向因子分析的过程如下：

(1)项目-总体相关分析

如前文所述，行为意向的相关性分析结果见表 4-12。经分析，行为意向 10 个题项的相关系数均大于 0.35，按照统一标准，所有题项予以保留。

(2)探索性因子分析

行为意向的 10 项变量的 KMO 值为 0.865，大于 0.70，符合做因子分析的条件。按照 Kaiser 标准化的正交旋转法(特征根大于 1)，提取 2 个主成分因子，其中题项 Q2.9 在两个因子中的载荷值中，较高一项为

表 4-12　　　　　　　　　项目-总体相关系数

题项编号	相关系数	题项编号	相关系数
Q2.1	0.493**	Q2.6	0.585**
Q2.2	0.570**	Q2.7	0.502**
Q2.3	0.515**	Q2.8	0.506**
Q2.4	0.576**	Q2.9	0.439**
Q2.5	0.530**	Q2.10	0.548**

注：**在 0.01 水平（双侧）上显著相关。

0.501，虽与本维度其他题项值相比较低，但考虑到该题项的两个载荷值的差值较大，因此对该题项予以保留，并归类为因子 2 这一维度。两个主成分因子的贡献率分别为 40.703%，38.067%，累计为 78.770%。以上指标与预测相符。行为意向的探索性因子分析见表 4-13。

表 4-13　　　　　　　　　行为意向因子分析

绿色出行意向题项	贡献率/%	克朗巴哈系数	主因子 1	主因子 2
Q2.4			**0.902**	0.194
Q2.5			**0.894**	0.144
Q2.6	40.703	0.944	**0.908**	0.204
Q2.7			**0.924**	0.000
Q2.8			**0.843**	0.112
Q2.1			0.090	**0.935**
Q2.2			0.040	**0.917**
Q2.3	38.067	0.908	0.137	**0.914**
Q2.9			0.116	**0.501**
Q2.10			0.195	**0.926**

注：提取方法：主成分分析法。旋转方法：具有 Kaiser 标准化的正交旋转法。a.旋转在 5 次迭代后收敛。

行为意向共有两类因子，克朗巴哈系数分别为 0.944、0.908，达到内部一致性要求。以因子分析结果中两因子所概括的信息与之前整理的文献中的内容为依据，本文将两个行为意向的主成分分别定义为：主因子 1，说服型意向（Y_P）；主因子 2，自律型意向（Y_S）。

第4章　中国城市居民绿色出行的影响因素

绿色出行行为因子分析的过程如下：

(1)项目-总体相关分析

绿色出行行为共设 6 个题项,在一般对环境行为影响因素的研究中很少出现对行为进行分类的,在本研究假设中,行为只有一类——绿色出行行为,为了验证假设,首先对绿色出行行为进行项目-总体相关分析,操作步骤与前文相同,在表 4-14 呈现的结果中,6 个题项均具有很高的相关性,不需要进行剔除。

表 4-14　　　　　　　　　项目-总体相关系数

题项编号	相关系数	题项编号	相关系数
Q3.1	0.809**	Q3.4	0.889**
Q3.2	0.732**	Q3.5	0.745**
Q3.3	0.761**	Q3.6	0.811**

注：**在 0.01 水平(双侧)上显著相关。

(2)探索性因子分析

绿色出行行为的 6 项变量的 KMO 值为 0.880,大于 0.80,符合做因子分析的条件。主成分因子的贡献率分别为 88.7%。以上指标与预测相符。绿色出行行为的探索性因子分析见表 4-15。

表 4-15　　　　　　　　　绿色出行行为因子分析

题项编号	主因子	题项编号	主因子
Q3.1	0.813	Q3.4	0.903
Q3.2	0.758	Q3.5	0.778
Q3.3	0.805	Q3.6	0.856

因为绿色出行行为只提取了一个主因子,所以反映其内在一致性的信度系数为 1,即克朗巴哈系数为 1,高于 0.70,达到内部一致性要求。为了与前文保持一致,也为了后面分析方便,将提取的 1 个主因子命名为绿色出行行为,用"ZB"表示。

小结：

通过以上因子分析的结果,将内环境因素、行为意向以及绿色出行行为所提取的主因子进行总结,具体见表4-16。

表 4-16　　　　　　　　　　提取主因子总结

问卷主要部分	因子数量	主因子	因子编码
个人因素	3	环境态度	M_A
		主观规范	M_S
		环境知识	M_K
环境因素	3	交通设施	X_F
		政策法规	X_P
		公共宣传	X_B
行为意向	2	说服型意向	Y_P
		自律型意向	Y_S
行为	1	绿色出行行为	Z_B

2.回归分析

回归分析(Regression Analysis)是一种用于确定两个或者两个以上变量之间相互依赖的定量关系的统计分析方法。它被广泛使用,根据涉及的自变量的数量,回归分析可分为单一回归分析和多元回归分析;根据自变量与因变量之间的关系,能够将其分为线性回归分析与非线性回归分析。如果回归分析仅包含一个自变量与一个因变量,并且它们之间的关系可以通过直线近似,则这种回归分析称为一元线性回归分析。若回归分析中包含两个或多个自变量,并且因变量与自变量之间存在线性关系,则称为多元线性回归分析。回归分析的主要内容如下：

(1)基于一组数据,确定一些变量间的定量关系,也就是建立数学模型并估计未知数。估计参数的常用方法是最小二乘法。

(2)检验关系式的可信程度。

(3)在许多影响自变量关系的自变量中,确定哪些自变量是显著的,哪些自变量的影响是不显著的,将影响显著的自变量选入模型中,而剔除

第4章 中国城市居民绿色出行的影响因素

影响不显著的变量,通常用逐步回归、向前回归与向后回归等方法。

(4)通过所求的关系式预测或者控制生产过程。回归分析的应用十分广泛,SPSS等统计软件使各种回归方法计算十分方便。

回归分析将变量分为两类:一类是因变量,它们是实际问题所关心的指标,用 Y 表示;一类是影响因变量取值的自变量,用 X 来表示。

回归分析研究的主要问题:

(1)确定 Y 和 X 间的关系表达式,即回归方程。

(2)检验回归方程的可信度。

(3)判断自变量 X 是否对因变量 Y 有影响。

(4)通过回归方程进行预测与控制。

回归分析的具体步骤:

(1)确定自变量 X 和因变量 Y。

(2)构建预测模型,利用自变量与因变量的历史统计资料计算,在此基础上构建回归分析方程和回归分析预测模型。

(3)进行相关分析,回归分析是影响因素(自变量)与预测对象(因变量)之间因果关系的数学统计分析,仅当自变量和因变量之间存在一定关系时,建立的回归方程才有意义。所以,作为自变量的因素是否作为因变量的预测对象,判断它们之间的相关程度和这种相关程度有多大是回归分析必须要解决的问题。进行相关分析通常需要求出相关关系,用相关系数的大小来判断自变量与因变量之间的相关程度。

(4)计算预测误差,回归预测模型能否在实际预测当中使用取决于对回归预测模型的检验与对预测误差的计算。仅当回归方程通过所有检验并且误差较小时,才可以把回归方程用作预测模型。

(5)确定预测值,通过回归预测模型计算预测值,并且对预测值进行综合分析,确定最后的预测值。

为了进一步检验模型中各部分的关系以及影响路径,本节利用上一节因子分析的结果进行回归分析,本研究中回归分析的目的有三:一是说明影响因素对行为意向以及行为意向和社会人口统计变量对行为的解释程度;二是检验假设模型中多重共线问题;三是为下文进行中介变量分析做准备。本节进行的回归分析有以行为意向为自变量,绿色出行行为为因变量的回归分析和中介效应分析。

中介效应分析主要包含以下几个分析过程:

(1)个人因素为自变量,行为意向为因变量的回归分析。

(2)环境因素为自变量,行为意向为因变量的回归分析。

(3)个人因素为自变量,环境因素为因变量的回归分析。

(4)因果步骤分析法。

下面是以社会人口统计变量为自变量,绿色出行行为为因变量的差别分析。

(1)绿色出行行为意向对绿色出行行为的回归分析

为检验行为意向的2个主因子说服型行为意向与律己型行为意向对行为的影响,了解它们对行为的解释预测能力,需进行相关分析和回归分析。由于行为意向仅含两个变量,行为仅含一个变量,行为意向与行为的相关分析就不再用表格形式呈现。

相关分析表明,绿色出行行为与两个意向因子之间的相关系数分别为0.441和0.576,且0.01的水平上显著相关。以行为意向的两个主因子说服型行为意向与律己型行为意向为自变量,行为为因变量进行回归分析。本研究采用逐步回归(Stepwise)法,入选变量标准为 $\alpha=0.25$,易除变量标准为 $\beta=0.10$,分析结果详见表4-17。

表4-17　　　　　　　绿色出行行为意向对行为的回归分析

因变量	自变量	非标准化系数	标准误差	标准系数	t	Sig.	F	Sig.F	决定系数R方	DW
Z_B	(常量)	1.086	0.210		5.178	0.000				
	Y_P	0.288	0.048	0.298	5.818	0.002	398.052	0.000	0.335	2.060
	Y_S	0.506	0.050	0.550	10.212	0.000				

注:因变量:行为均值。

第4章 中国城市居民绿色出行的影响因素

表4-17显示,DW为2.060,取值在0～4,且非常接近2,说明残差之间相互独立,模型拟合效果较佳,F、t的显著水平接近0.000,说明模型整体拟合效果好,且各自变量显著回归,没有需要剔除的变量,行为意向与行为回归具有统计意义。综上,因变量与自变量相关关系非常显著,回归公式为

$$Z_B = 0.298 Y_P + 0.550 Y_S \tag{4.1}$$

从式(4.1)中可以看出,自律型意向对行为的影响明显高于说服型意向,系数均为正数表明居民的绿色出行意向越高,其实施绿色出行的可能性越大。通过以上数据分析结果可以判定绿色出行行为意向与行为显著相关,且说服型意向与自律型意向越强,实施绿色出行行为的可能性越大。

(2)个人因素的中介效应分析

中介效应是指自变量(X)与因变量(Y)之间的关系(X-Y)不是直接因果关系,而是通过对单一或者多个中介变量(M)的影响而间接地产生影响的。中介效应的检验方法有很多,目前应用最为广泛的有温忠麟中介效应检验法,检验步骤如图4-3所示。

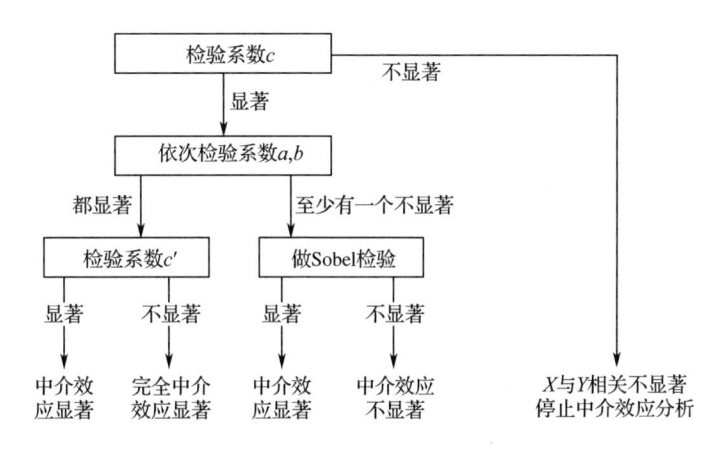

图4-3 温忠麟中介效应检验步骤

这种检验方法采用了依次检验和 Sobel 检验,检验程序如下:

①检验回归系数 c,若结果是显著的,继续下一步;否则停止分析。

②做 Baron 与 Kenny 部分中介检验,也就是依次检验系数 a,b,若都显著,则意味着 X 对 Y 的影响至少有一部分可以通过中介变量 M 来实现,第一类错误率小于或等于 0.05,继续第③步。若至少有一个不显著,由于该检验的功效较低(第二类错误率较大),因此还不能下结论,转到第④步。

③做 Judd 与 Kenny 完全中介效应的第三个检验(因为前两个在上一步已经完成),也就是检验系数 c',若不显著,说明是完全中介过程,也就是 X 对 Y 的影响全部都能通过中介变量 M 实现;若显著,说明只是部分中介过程,也就是 X 对 Y 的影响只有一部分能够通过中介变量 M 实现,检验结束。

④做 Sobel 检验,若显著,表明 M 的中介效应显著,否则中介效应不显著。检验结束。

但是温忠麟中介效应检验法只适用于单一自变量、因变量和中介变量的检验,而当自变量、因变量和中介变量数量均较多时,运用该方法操作步骤较为烦琐,因此本研究采用因果步骤法检验中介效应。因果步骤法利用回归分析的基本原理,检验一个或多个变量间的回归关系,运用因果步骤法检验中介效益需要满足四个条件:a.自变量必须影响因变量;b.中介变量必须影响因变量;c.自变量必须影响中介变量;d.当引入中介变量,自变量对因变量的显著性明显降低或者变为不显著。当以上四个条件均满足时,可以判断中介效应成立。因此,本文按以上四个步骤对个人因素的中介效应进行多元回归分析。

接下来是环境因素与绿色出行行为意向的回归分析:

(1)相关分析

在回归分析之前,先对环境因素:交通设施(X_F)、政策法规(X_P)、公共宣传(X_B)以及行为意向:说服型意向(Y_P)和自律型意向(Y_S)5 个变量的相关关系这一假设前提进行检验。检验结果见表 4-18。

第4章　中国城市居民绿色出行的影响因素

表 4-18　　　　　　　　环境因素与行为意向的相关分析

变量1 \ 变量2	X_F	X_P	X_B	Y_P	Y_S
X_F	1				
X_P	0.427**	1			
X_B	0.285**	0.484**	1		
Y_P	0.595**	0.687**	0.710**	1	
Y_S	0.682**	0.760**	0.827**	0.809**	1

注：**在0.01水平(双侧)上显著相关。

从表 4-18 中数据可以看出,环境因素中,交通设施、政策法规、公共宣传与行为意向(说服型意向和自律型意向)两两间在 0.01 水平下双侧显著相关,且均为正向相关,可以进行回归分析。

(2)回归分析

为进一步解释环境因素与行为意向之间的关系,将环境因素的三个主因子作为自变量,依次与说服型意向和自律型意向进行回归分析。具体回归结果见表 4-19。

表 4-19　　　　　　　　环境因素与行为意向回归分析

因变量	自变量	非标准化系数	标准误差	标准系数	t	Sig.	F	Sig.F	决定系数R方	DW
Y_P	(常量)	−2.831	0.108		−26.117	0.000	235.393	0.000	0.744	1.945
	X_F	0.218	0.024	0.325	9.005	0.000				
	X_P	0.273	0.033	0.326	8.250	0.000				
	X_B	0.307	0.025	0.460	12.335	0.000				
Y_S	(常量)	−3.196	0.036		−88.626	0.000	275.926	0.000	0.971	1.786
	X_F	0.256	0.008	0.384	31.834	0.000				
	X_P	0.271	0.011	0.325	24.629	0.000				
	X_B	0.372	0.008	0.560	44.986	0.000				

从表 4-19 中数据可以看出,DW 值分别为 1.945 和 1.786,取值在 2 附近,说明残差之间相互独立,表明模型拟合效果良好。F、t 的显著水平

接近0.000,进一步说明模型具有统计意义。由分析结果可以得出假设成立,并且根据回归分析的意义可以得出个人因素对于说服型意向和自律型意向的数学公式分别为

$$Y_P = 0.325X_F + 0.326X_P + 0.460X_B \tag{4.2}$$

$$Y_S = 0.384X_F + 0.325X_P + 0.560X_B \tag{4.3}$$

由式(4.2)和式(4.3)可以看出,对于说服型意向来说,受到环境因素影响的大小依次为公共宣传、政策法规以及交通设施,交通设施和政策法规影响的大小基本持平;自律型意向受到环境因素影响的大小依次为公共宣传、交通设施和政策法规。公共宣传是对行为意向影响最为显著的环境因素。所有环境因素的主因子对说服型意向和自律型意向均产生正向影响,即交通设施、政策法规越完善,公共宣传力度越大,则居民表现出越高的绿色出行意向。因此,环境因素与行为意向存在相关关系,且环境因素加强,行为意向加强。

2.个人因素与绿色出行行为意向的回归分析

(1)相关分析

分析过程与前述相同,相关分析结果见表4-20。

表4-20　　　　　　个人因素与行为意向的相关分析

变量1 \ 变量2	M_K	M_A	M_S	Y_P	Y_S
M_A	1				
M_S	0.450**	1			
M_K	0.373**	0.368**	1		
Y_P	0.792**	0.557**	0.428**	1	
Y_S	0.720**	0.577**	0.579**	0.704**	1

注:** 在0.01水平(双侧)上显著相关。

经分析,个人因素与行为意向各因子之间在0.01的水平下显著相关,且均为正向相关关系,适合进行回归分析。

第4章 中国城市居民绿色出行的影响因素

(2)回归分析

为进一步解释个人因素与行为意向之间的关系,将个人因素三个主因子作为自变量,说服型意向和自律型意向作为因变量进行回归分析。具体回归结果见表 4-21。

表 4-21　　　　　　　个人因素与行为意向的回归分析

因变量	自变量	非标准化系数	标准误差	标准系数	t	Sig.	F	Sig.F	决定系数 R 方	DW
Y_P	(常量)	-3.564	0.111		-32.081	0.000	355.942	0.000	0.815	1.955
	M_A	0.470	0.028	0.542	16.873	0.000				
	M_S	0.293	0.027	0.341	10.929	0.000				
	M_K	0.263	0.028	0.282	9.457	0.000				
Y_S	(常量)	-3.416	0.122		-27.930	0.000	276.627	0.000	0.774	1.818
	M_A	0.479	0.031	0.554	15.614	0.000				
	M_S	0.293	0.030	0.342	9.916	0.000				
	M_K	0.208	0.031	0.224	6.803	0.000				

从表 4-21 中的数据可以看出,DW 值分别为 1.955 和 1.818,取值在 2 附近,说明残差之间相互独立,表明模型拟合效果良好。F、t 的显著水平接近 0.000,说明模型整体拟合效果好,且各自变量显著回归,没有需要剔除的变量。由分析结果可以得出假设成立,并且根据回归分析的意义可以得出个人因素对于说服型意向和自律型意向的数学公式分别为

$$Y_P = 0.542 M_A + 0.341 M_S + 0.282 M_K \tag{4.4}$$

$$Y_S = 0.554 M_A + 0.342 M_S + 0.224 M_K \tag{4.5}$$

由式(4.4)和式(4.5)可以看出,个人因素对说服型意向影响力由大到小依次为环境态度、主观规范和环境知识;对自律型意向影响力由大到小依次为环境态度、主观规范和环境知识。环境态度是对行为意向影响最为显著的个人因素。所有个人因素各因子对说服型意向和自律型意向产生的影响均为正向的,即居民持有越积极的环境态度,越强烈的主观规范性以及掌握越多的知识,则具有越高的绿色出行行为意向。

下面是环境因素与个人因素的相关分析：

(1)相关分析

第三步是对自变量和中介变量进行回归分析，检验两者之间是否存在影响关系。与前文相同，首先对环境因素和个人因素进行相关分析，结果见表 4-22。

表 4-22　　　　　　　　环境因素与个人因素的相关分析

变量1＼变量2	X_B	X_P	X_F	M_K	M_A	M_S
X_F	1					
X_P	0.427**	1				
X_B	0.285**	0.484**	1			
M_A	0.548**	0.502**	0.570**	1		
M_S	0.342**	0.555**	0.457**	0.450**	1	
M_K	0.302**	0.399**	0.395**	0.353**	0.268**	1

注：** 在 0.01 水平(双侧)上显著相关。

经分析，内环境因素各因子之间在 0.01 的水平下显著相关，且均为正向相关关系，适合进行回归分析。

(2)回归分析

将环境因素主因子 X_F、X_P、X_B 作为自变量，个人因素 M_A、M_S、M_K 作为因变量进行回归分析，具体分析结果见表 4-23。

表 4-23　　　　　　　　环境因素与个人因素的回归分析

因变量	自变量	非标准化系数	标准误差	标准系数	t	Sig.	F	Sig.F	决定系数 R 方	DW
	(常量)	1.062	0.174		6.105	0.000				
M_A	X_F	0.286	0.039	0.370	7.372	0.00	82.082	0.000	0.503	1.751
	X_P	0.150	0.053	0.155	2.821	0.000				
	X_B	0.300	0.040	0.390	7.508	0.000				

第 4 章 中国城市居民绿色出行的影响因素

（续表）

因变量	自变量	非标准化系数	标准误差	标准系数	t	Sig.	F	Sig.F	决定系数 R 方	DW
M_S	（常量）	1.149	0.199		5.778	0.000	46.202	0.000	0.363	1.728
	X_F	0.083	0.044	0.106	1.865	0.033				
	X_P	0.385	0.061	0.396	6.348	0.000				
	X_B	0.182	0.046	0.235	3.999	0.000				
M_K	（常量）	1.452	0.202		7.196	0.000	23.893	0.000	0.228	1.952
	X_F	0.099	0.045	0.137	2.192	0.029				
	X_P	0.196	0.031	0.219	3.187	0.002				
	X_B	0.179	0.046	0.250	3.869	0.000				

因变量：环境态度、主观规范、环境知识。

从表4-23中的数据可以看出，三次回归中DW值分别为1.751、1.728和1.952，取值在2附近，说明残差之间相互独立，表明模型拟合效果良好，F、t的显著性平均小于0.050，说明模型整体拟合效果好，且各自变量显著回归，没有需要剔除的变量，进一步说明模型具有统计意义。由分析结果可以得出假设成立，并且根据回归分析的意义可以得出环境因素与个人因素关系的公式分别为

$$M_A = 0.370X_F + 0.155X_P + 0.390X_B \tag{4.6}$$

$$M_S = 0.106X_F + 0.396X_P + 0.235X_B \tag{4.7}$$

$$M_K = 0.137X_F + 0.219X_P + 0.250X_B \tag{4.8}$$

由式(4.6)～式(4.8)可以看出，所有环境因素各因子对个人因素产生的影响均为正向的，即环境因素的加强，有利于促进居民的态度、主观规范以及知识向着正向的方向发展。因此，环境因素与个人因素存在相关关系，且环境因素加强，个人因素加强。

下面进行中介效应分析：

如前面概念模型中的关系，个人因素是环境因素与行为意向的中介变量。为了验证4.2中提出的假设关系，本文采用Baron和Kenny在1986年提出的因果步骤法，并借鉴Preacher和Kelley对因果步骤法的完

善方法,引入效果量指标,效果量指标是为了避免当系数不显著时因果步骤法无法检验出部分中介效应的情况,而粗略地将结果归为中介效应不显著。效果量指标需独立于样本量,可以为任何一个变量相关的人口统计变量。普遍认为居民的出行行为会受到经济状况的一些影响,所以本文选取了居民的家庭人均收入指标作为效果量指标。具体操作步骤为:第一步,输入样本量指标即人均家庭收入;第二步,输入自变量即环境因素;第三步,输入中介变量即个人因素。如果分析结果中,所有的 F 检验都显著,具有统计意义,或因变量系数的变异大部分可以由中介变量的引入而解释,再或者中介变量中的 t 都显著,都可以表明中介变量的中介效应在环境因素对行为意向的影响关系中成立。中介效应的分析结果见表4-24。

表 4-24 影响因素与绿色出行行为意向的回归分析

输入变量	因变量 Y_P			因变量 Y_S		
	第一步	第二步	第三步	第一步	第二步	第三步
C	0.587***	0.560***	0.307***	0.578***	0.469***	0.446***
X_F		0.084**	0.031		0.118***	0.083*
X_P		0.143***	0.097**		0.116***	0.072*
X_B		0.166***	0.067		0.136***	0.093*
M_A			0.438***			0.096*
M_S			0.104**			0.073*
M_K			0.032			0.156***
$F_{本步}$	398.954***	119.847***	99.033***	821.24***	225.784***	166.497***
$F_{回归}$	398.954***	10.820***	24.577***	821.24***	16.234***	9.885***
R^2	0.620	0.665	0.744	0.769	0.806	0.825
调整 R^2	0.618	0.659	0.736	0.770	0.821	0.838

注:*** 表示 $p<0.001$,** 表示 $p<0.01$,* 表示 $p<0.05$。

由表4-24中数据可知,经过对环境因素与行为意向的回归分析,所有环境因素的回归系数均在0.01显著性水平下具有统计意义,即环境因

第4章 中国城市居民绿色出行的影响因素

素与行为意向间存在线性回归关系。在引入中介变量后,自变量显著性明显降低,对因变量的解释能力减弱;在输入中介变量后,说服型意向与自律型意向的 F 值均有显著变化,且都在 0.001 的水平下显著。在说服型意向的因果步骤回归过程中,个人因素环境知识的系数不显著被排除,而环境态度和主观规范作为中介变量对三个环境因素起到了中介效应,其中公共宣传和交通设施两个自变量的系数由显著降为不显著,为完全中介效应,而政策法规的显著性降低(由 $p<0.001$ 降为 $p<0.01$),说明其受到两个调节变量的部分中介效应影响。在自律型意向的因果步骤回归中,三个个人因素均起到中介效应,其中环境知识的显著性最高,在引入个人因素作为中介变量后,三个环境因素公共宣传、政策法规和交通设施的显著性均下降(均降到 $p<0.01$),这表明个人因素在此过程中存在部分中介效应。

此后,需要进行社会人口统计变量的差别分析:

对假设模型中社会人口统计变量与行为的验证主要采取两种分析方法:对性别的检验采取独立样本 T 检验;对于年龄、学历和家庭人均收入的检验采用单因素方差分析法。

首先是性别。

T 检验,亦称 Student T 检验(Student's T Test),主要用于样本含量较小(例如 $n<30$),总体标准差 σ 未知的正态分布资料。T 检验的适用条件有三个:①已知一个总体均数;②可得到一个样本均数及该样本标准差;③样本来自正态或近似正态总体。T 检验的具体步骤为:①建立假设、确定检验水准 α;②计算检验统计量;③查相应界值表,确定 p 值,下结论。

运用独立样本 T 检验性别在绿色出行行为上的差异,其中性别为分组变量,行为各个题项的均值为检验变量,详细结果见表 4-25。由表中数据显示,F 值 4.845,p 值为 0.029<0.05,说明两组方差不相等,因此 t 值取 -4.676,p 值为 0.008<0.05,说明两组数据存在显著差异,即不同性别绿色出行行为不同,假设 H41 成立,且女性比男性更倾向于选择绿色出行行为。独立样本 T 检验的结果见表 4-25。

表 4-25　　　　　独立样本 T 检验结果（分组变量——性别）

		方差方程的 Levene 检验		均值方程的 T 检验						
		F	Sig.	t	df	Sig.（双侧）	均值差值	标准误差值	差分的 95% 置信区间	
									下限	上限
Z_B	假设方差相等	4.845	0.029	−4.552	245	0.046	−0.347 45	0.076 32	−0.497 78	−0.197 12
	假设方差不相等			−4.676	242.763	0.008	−0.347 45	0.074 30	−0.493 81	−0.201 09

其次是年龄。

单因素方差分析(one-way ANOVA)法，用于比较完全随机设计的多个样本的均数，其统计推断是推断每个样本代表的总体均数是否相等。不考虑个体差异的影响，只涉及一个处理因素，但可以有两个或多个水平，因此也称为单因素实验设计。在实验研究中，根据随机原则随即分配受试对象到一个处理因素的多个水平中，然后观测各组的实验结果；对观察中研究因素进行分组，比较该因素的影响。单因素方差分析的具体步骤为：①建立检验假设，确定检验水准；②计算统计量 F 值；③确定 p 值，并做出统计推断。

对年龄与行为关系假设检验采用单因素方差分析法，将年龄设置为因子，行为各题项的均值为因变量，分析结果见表 4-26。表中数据显示，p 值为 0.708＞0.05，不显著，所以可以认为年龄对绿色出行行为没有影响。

表 4-26　　　　　单因素方差分析结果（因子变量——年龄）

	平方和	df	均方	F	显著性
组间	0.824	4	0.206	0.537	0.708
组内	92.835	242	0.384		
总数	93.659	246			

再次是学历。

第4章 中国城市居民绿色出行的影响因素

同样,采用单因素方差分析法对学历与行为的假设关系进行检验,学历设为因子,行为各题项的均值设为因变量,分析结果见表4-27。表中数据显示,p值为0.007<0.05,说明不同学历的居民绿色出行行为存在显著差异,学历越高越趋向选择绿色出行。

表4-27　单因素方差分析结果(因子变量——学历)

	平方和	df	均方	F	显著性
组间	5.291	4	1.323	3.623	0.007
组内	88.368	242	0.365		
总数	93.659	246			

最后是家庭人均收入。

与以上相同,对收入与行为假设关系的检验仍然采用单因素方差分析法,分析结果见表4-28。由表中数据可以看出,家庭人均收入差异导致绿色出行行为产生显著差异性,收入越高,绿色出行行为越弱。高收入人群比较不会考虑出行成本,比较在意舒适度和时间效率,所以有较低的绿色出行率不难理解。

表4-28　单因素方差分析结果(因子变量——家庭人均收入)

	平方和	df	均方	F	显著性
组间	35.749	3	11.916	50.004	0.000
组内	57.910	243	0.238		
总数	93.659	246			

4.3.4　环境因素对绿色出行的影响

从前文的分析中可以看出,城市居民绿色出行行为的影响因素来自方方面面,居民自身、身边人、交通设施、政策环境等都影响着居民的出行选择,在本研究中将这些因素归结为个人因素和环境因素两类,个人因素是居民自身的因素,无法直接改变或控制,只有环境因素是可以进行调控的,对环境因素影响力大小的掌握,有利于改善城市居民出行现状,促进绿色出行的实施。因此本文在以上数据分析的基础上,借鉴层次分析法,进一步分析环境因素各个题项对绿色出行行为的影响力大小。

具体分析过程为,将一层指标设定为绿色出行行为,二层指标设定为行为意向,三层指标设定为环境因素,四层指标设定为具体题项。其中,第四层指标(环境因素的具体题项 Q_i)对第三层指标(提取的 3 个主因子 X_F、X_P、X_B)的权重通过环境因素因子分析所得的载荷矩阵标准化系数归一化处理获得,其他指标层对其上一层指标的权重由该层指标的标准化回归系数进行归一化处理获得。环境因素的具体题项对绿色出行行为的影响力计算结果详见表 4-29。

表 4-29　　　　影响因素的具体题项对绿色出行行为的影响力

三层因子	四层因子	四层因子对三层因子的标准化系数	四层在二层因子 Y_P 上的权重	四层在二层因子 Y_S 上的权重	具体题项对绿色出行行为的影响力
X_F	Q1.27	0.287	0.087	0.087	0.087
	Q1.28	0.301	0.091	0.091	0.091
	Q1.29	0.343	0.104	0.104	0.104
	Q1.30	0.251	0.076	0.076	0.076
	Q1.31	0.203	0.062	0.062	0.062
	Q1.32	0.332	0.101	0.101	0.101
	Q1.33	0.258	0.078	0.078	0.078
	Q1.34	0.274	0.083	0.083	0.083
	Q1.35	0.298	0.090	0.090	0.090
X_P	Q1.21	0.277	0.071	0.071	0.071
	Q1.22	0.296	0.076	0.076	0.076
	Q1.23	0.339	0.087	0.087	0.087
	Q1.24	0.319	0.082	0.082	0.082
	Q1.25	0.287	0.073	0.073	0.073
	Q1.26	0.356	0.091	0.091	0.091

第 4 章　中国城市居民绿色出行的影响因素

(续表)

三层因子	四层因子	四层因子对三层因子的标准化系数	四层在二层因子 Y_P 上的权重	四层在二层因子 Y_S 上的权重	具体题项对绿色出行行为的影响力
	Q1.16	0.245	0.108	0.108	0.108
	Q1.17	0.201	0.089	0.089	0.089
X_B	Q1.18	0.242	0.107	0.107	0.107
	Q1.19	0.271	0.120	0.120	0.120
	Q1.20	0.235	0.104	0.104	0.104

综合以上的数据分析过程可以得出：

(1) 总体上，公共宣传各个题项的影响力值普遍偏高，除 Q1.17 外其余四个题项的影响力值均在 0.1 之上，Q1.19 的影响力为 0.12，是环境因素 20 个题项中的最高值；交通设施对各个题项的影响力均值排在公共宣传之后，其中 Q1.29 和 Q1.32 两项的影响力值均超过了 0.1；政策法规各个题项的影响力均值最小，没有任何题项的影响力值达到 0.1 以上。

(2) 不同的公共宣传方式和内容影响力大小不同，根据题项内容，按照由大到小的顺序依次是：市政或其他组织发起的绿色出行体验活动；媒体上的公益广告；媒体对于交通污染危害的介绍；世界环境日等相关节日；社区内的宣传活动。各个方面的交通设施对绿色出行的影响力大小不同，根据题项内容影响力由大至小依次为：公交系统的完善度与便捷度；公交站点设置的合理性；停车位数量减少；慢车道的设置以及道路周边环境。各个交通政策法规对绿色出行的影响力大小不同，依据题项内容由大到小依次为：油价的变动；有关税费的征收与停车费的增加；公交补贴；汽车尾号限行以及购车摇号政策；烦琐的交通规则。

第5章 中国城市居民绿色出行行为的转变

本章主要是在第4章对中国城市居民绿色出行影响因素的识别与分析的基础上,分别对棕色出行者与浅绿色出行者的行为转换机理进行了论述,同时结合行为转变理论对城市居民绿色出行行为驱动机制进行研究,提出两种驱动机制,即说服型意向驱动机制和自律型意向驱动机制两类。

根据第4章中数据分析的结果可以得出,我国城市居民绿色出行行为受到行为意向的影响,而行为意向的形成则是由个人及环境等因素所左右的。我国居民绿色出行行为的影响因素分为个人因素和环境因素,个人因素是指居民自身的内在因素,包括环境知识、环境态度和主观规范等;环境因素是指除居民自身外与出行相关的因素,包括政策法规、交通设施以及公共宣传等。而这些因素直接作用于行为意向,本研究中根据数据分析结果,将行为意向分为两类:一类是带有自我规范性质的自律型意向,另一类是具有被动性质的说服型意向。对于绿色出行行为来说,不同的社会人口特征,出行行为也有所差异。

最终实现绿色出行的核心是居民出行行为的改变。在心理学的研究中有一个共识,即一般价值观或态度与行为(如亲环境态度和亲环境行为)之间只具有很弱的相关性。比如,人们有时会对环境展现出极高的关注度,并表达他们对绿色出行的积极态度,然而在日常生活的出行中,他们却不愿意选择绿色出行方式。从一般环境态度到具体环境行为实施的一个重要前提条件是,出行者必须至少是一个关注环境的人。从我们之前的研究可以发现,随着社会中对环境问题的不断讨论,大多数人已经开始关注环境问题,即便是棕色出行者也具有起码的亲环境态度,这就为绝大多数人绿色出行行为的实现奠定了基础。

通过第 4 章对不同态度和行为出行者的类型分析及其人群特征分析可以发现,不同类型的出行者在绿色出行问题上持有不同的价值观和态度,他们的具体行为也受到不同因素的影响。因此,针对目标群体采用适合的方法将会更有效地达成居民出行行为转变。

对于棕色出行者来说,个人因素往往主导其行为,习惯是阻碍其实施绿色出行行为的一个重要因素,因此习惯改变是引导这类人群实现绿色出行的一个重要切入点。同样的,浅绿色出行者虽持有较为良好的环境价值观和态度,但具体行为的实施通常容易受到人际、环境等因素的影响,因此对于这类人群需要为其创造更加有利于行为实施的社会环境。而对于绿色出行者来说,由于他们已有良好的环境态度及稳定的绿色出行行为,因此应对其行为进行不断的强化,以保证其行为的持续实施。

5.1 棕色出行者的行为转化

由前文可知,棕色出行者具有自我主义价值观,其行为更多地服从于个人的行为习惯,很少将环境因素考虑到行为决策的过程中,而且习惯一旦形成将基本不受外界因素的影响。另外,棕色出行者将出行的便捷性和舒适性视为出行方式选择的一个重要因素。因此,要想促进棕色出行者完成行为转变,可以考虑从改变其行为习惯入手,破除现有出行习惯进而形成新的绿色出行习惯。

根据行为转变理论,习惯是构成绿色出行行为等环境行为的一个关键因素。通常来说,习惯在行为活动中稳定存在,若非不利的信息足够令人感到不安,其行为一般不会改变。因此,根据棕色出行者的行为特征并结合习惯改变模型,我们可以将棕色出行者出行行为习惯的改变分为三个阶段。

5.1.1 提升价值观阶段

从棕色出行者的人群特征可以看出,他们持有自我主义价值观,环境意识较为薄弱,而且他们忽略了个人行为对环境保护的重要作用。根据习惯改变模型,在这一阶段环境价值观对于出行者对环境破坏的责任意识有很大影响。如果环境意识得到提升,那么他们对绿色出行的态度会变得更加积极,也会更加关注自身现有行为。这一阶段中,出行者需要通过了解环境信息改善和提升个人的价值观。从社会和政府的角度来说,可以从以下几方面为出行者提供环境信息:

(1)通过各种渠道向公众传达绿色出行对环境保护的重要意义,逐渐培养出行者在出行行为决策中考虑环境因素的意识。例如面向学校、企业或社区开展"绿色出行宣讲"等宣传实践活动,帮助人们确立"绿色出行对环境危害更小""绿色出行有益于我的健康"等信念。也可以从其他环保行为入手,如免费发放环保购物袋代替普通塑料袋的使用,使环保的理念深入居民的日常生活中,久而久之,当人们在出行时会倾向于绿色出行方式。

(2)结合环境危机教育,使出行者意识到当前环境破坏的严重性,提升出行者对私家车出行所带来的负面环境效应的认识,确立其对环境保护的责任意识。例如,开展以"我的出行习惯健康环保吗"为主题的活动,通过媒体进行广泛宣传,引导公众对个人的出行行为进行反思。用科学数据说话,帮助人们了解机动车尾气排放对城市空气的污染情况,增加绿色出行的紧迫感。

(3)将个人的绿色出行行为对环境保护的成果量化并对公众进行展示,使出行者感受到个人行为对环境改善的促进作用,促使其将环境意识与自身行为联系起来,从而更加关注自身的绿色出行行为。例如,相关部门定期向社会发布绿色出行报告,向公众展示整个社会的绿色出行及环境情况。同时,可以鼓励学校、企业、社区等单位向组织内部成员发布小范围的绿色出行成果,提高内部成员的参与度。

5.1.2 考虑新行为阶段

经历第一阶段后,出行者的价值观和环境责任意识得到了提升,开始考虑采用新的出行行为,并寻找和考察新行为实施中可能用到的替代方法。在这一阶段,出行者的行为会受到具体价值观和信念的指导,会不断地搜集有关绿色出行方式的具体信息,如"我可以采用的绿色出行方式有哪些""选用公共交通出行增加的时间成本是多少"等。出行者在掌握这些具体信息后会对新的出行行为进行尝试,并在实践中做出选择。由此可知,这一阶段的出行者需要大量的程序信息,辅助他们对绿色出行方式的选择做出判断。因此,可以从以下几方面为出行者提供程序信息:

(1)向公众提供他们所需要的出行信息,如与个人出行需要相关的公交路线图、班次时刻表、附近公交站点分布情况等,为步行和自行车出行的人群提供所在地区的出行路线图;还可以制定绿色出行指南,设置导向路牌和信息查询机等出行导向设施,引导出行者更加快速有效地到达目的地。

(2)对已有的公共交通设施情况进行普及宣传,如在社区内开展公共自行车租赁方法的讲座,以社区为单位为居民办理租赁卡,方便社区居民的使用。

(3)定期开展"无车日"活动,鼓励人们在这一天放弃小汽车的使用,采用公共交通、自行车或步行等绿色出行方式出行,使公众以该活动为契机深入了解城市公共交通体系,尝试在短距离出行中以自行车或步行代替小汽车出行,感受健康出行方式带来的乐趣。

(4)在企业中向员工发放公共交通出行信息,鼓励员工绿色通勤,倡导在同一区域生活或工作的员工尽量采用合乘汽车的方式,可以有效地改善棕色出行者的出行行为。

5.1.3　评估新行为阶段

出行者在尝试了新行为后,就会进入对新行为的评估阶段。在评估的过程中,出行者需要得到关于行动本身的一个明确的正强化,如"我的绿色出行行为得到了肯定"。随着时间的推移,出行者在类似的出行活动中会逐渐减少对出行行为的认知和决策而重复操作,最终形成绿色出行的行为习惯。在评估阶段中,出行者需要得到对其尝试的绿色出行行为的反馈信息以巩固新行为的反复实行,否则将很难形成新的习惯。

(1)政府部门需要在推行绿色出行活动的过程中甚至活动后,通过面对面访谈、电话或邮件的方式与活动的参与者保持沟通,使他们确信使用绿色出行方式的正确性。

(2)在全社会建立对出行者绿色出行行为的评价机制,对积极参与绿色出行活动和有绿色出行行为的出行者给予一定的物质奖励和表彰,如发放自行车水壶、供步行或自行车出行使用的背包等绿色出行纪念品或公共交通的定期免费试用卡。

(3)鼓励企业向员工发放自行车出行补贴、把员工的绿色出行情况纳入个人评价指标中,保障出行者的绿色出行行为及时得到强化。

综上所述,棕色出行者的行为转变主要是一个从"旧习惯"的破除到"新习惯"形成的过程,主要经历了提升价值观、考虑新行为和评估新行为三个阶段,如图 5-1 所示。通过大量的环境信息宣传和教育,出行者的价值观将会得到提升,成为一个中等关注环境的人,但他们的行为能否得到改善是由他们对新行为的尝试和评估的经历决定的。若他们拥有较好的经历,则最终容易形成绿色出行的新习惯;若他们没有得到需要的程序信息或及时的反馈信息,那么可能使他们回到原来的习惯。

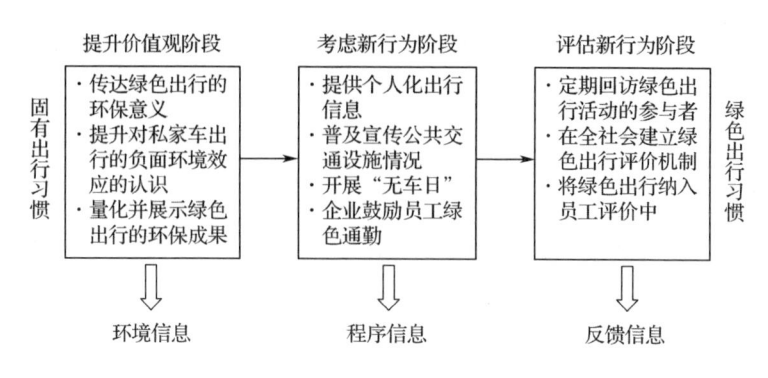

固有出行习惯	提升价值观阶段 ·传达绿色出行的环保意义 ·提升对私家车出行的负面环境效应的认识 ·量化并展示绿色出行的环保成果	→	考虑新行为阶段 ·提供个人化出行信息 ·普及宣传公共交通设施情况 ·开展"无车日" ·企业鼓励员工绿色通勤	→	评估新行为阶段 ·定期回访绿色出行活动的参与者 ·在全社会建立绿色出行评价机制 ·将绿色出行纳入员工评价中	绿色出行习惯
	↓		↓		↓	
	环境信息		程序信息		反馈信息	

图 5-1 棕色出行者行为转化途径

5.2 浅绿色出行者的行为转化

如前文所述,浅绿色出行者在出行行为方面区别于其他两类人群的一个主要特点是,其出行行为容易受到物质环境因素和社会文化环境因素的影响。其中,物质环境因素包括基础设施层面的公共交通的便捷性和舒适性;社会文化环境因素既包括政府部门出台的关于绿色出行的法律法规以及政府对绿色出行行为的奖励政策,又包括人际环境对浅绿色出行者出行行为决策的影响。因此,浅绿色出行者出行行为的改善很大程度上依赖于周围物质和社会文化环境的改善,良好的物质和社会文化环境将会激励这部分出行者实施绿色出行行为。

综合行为转变理论,物质环境通常指客观世界本身。人的行为都有一定的目的性,如果环境条件不适合于他的行为,要么是改造它,要么是转换到其他的环境中去。在消除相关行为形成的障碍后,会大大地促进某一适宜环境的建立。影响行为的物质环境包括物质的可得性和物质构造的特点。在绿色出行中,物质的可得性是指能够获得与绿色出行有关的设施。公共交通设施的可得性会影响人们选择绿色出行的概率,在不影响其态度、信念或认知的条件下改变人的行为。物质构造特点是指影响人们行为的客观实体的物理特性。比如在公共场所设计自行车通道或步行街可以给人们带来更多绿色出行的机会。

社会文化环境包括政治制度、法律制度、经济状况、社会规范、舆论以及人际交往方式等。同物质环境相同,社会文化环境同样影响人的行为。如黄标车限行的政策会限制尾气排放不达标车辆的行驶范围和使用频率,可以减少对空气的污染和对人身健康的损害。另外,亲戚、朋友、同事等周围人的行为也可以明显地影响一个人的行为。

因此,我们可以从改善物质和社会文化环境入手促进浅绿色出行者行为转变。

5.2.1 物质环境的改善

1.完善基础设施建设

优化公交线路。许多受访者反应选择私家车出行的一个重要原因是公共交通线路不完善,许多时候选择公共交通出行并不能满足公众点对点的出行需求。另外,在上下班交通高峰期,公共交通线路的供应量远远低于出行者的需求量,导致公交车拥挤现象严重。因此,应加大公交线路覆盖面,结合道路条件和客流需求,增加出行高峰期专线并适当开辟公交专用车道。

恢复城市慢行出行系统。自行车出行在我国有着深厚的传统,但随着私家车的普及我国大部分城市中的自行车出行和步行大幅减少,甚至有的城市取消了自行车专用道路。因此,一些有慢行基础的城市应保证自行车和步行的交通条件,加大自行车道和人行道的建设,保障慢行出行的发展。

鼓励学校增加定点校车,企业设立班车。乘坐校车让学生集中上下学一方面在保障出行安全的前提下可以锻炼学生的独立生活能力,另一方面可以减少家长在接送孩子上下学中的汽车出行。厂企班车可以大大提高企业员工的上下班出行效率,有效减少私家车的使用。

第5章 中国城市居民绿色出行行为的转变

2.改进公共交通服务体系

提供准确的班次信息。等车时间长是选择公共交通出行人群的一个普遍呼声。出行者对公交车的首末班车时间、间隔时间、预达时间等信息有迫切的需要。因此,应考虑设立"电子站牌"等设施,为出行者提供更加准确的车次信息,提高公交出行的便捷性。

实行公共交通一卡通制度。市民乘坐公共汽车的公交卡也可以乘坐其他公共交通工具,为市民的公共交通出行提供方便。

提高公共交通出行的舒适性。现有公交车中存在移动电视等终端娱乐设施,但使用率不高,而且节目内容单一,多以广告为主。因此,公交公司应充分利用现有设施全面提高乘客的公交出行舒适性,使其不再成为"摆设"。

5.2.2 社会文化环境的改善

1.政策保障

在企业方面,首先,政府可设立公共交通发展的专项资金,支持城市公共交通建设,保证公共交通和轨道交通在城市居民出行中的优势地位。其次,适当对公交企业实行企业所得税、营业税和价格补贴政策,促进公交企业的良性发展,保障居民以优惠的价格使用公共交通工具出行。第三,政府可以对生产、销售和维修清洁能源汽车的厂商提供税收优惠政策,广泛建立天然气汽车加气站和电动车充电站,保证清洁能源供应,为居民正常使用清洁能源汽车创造条件。此外,政府可考虑对使用清洁能源汽车的居民免征收停车费。

在居民方面,政府可以通过适当提高燃油税,将车辆购置税的税率和计税依据与车辆实际排放量挂钩,鼓励居民购买低排放量的汽车,并减少不必要的私人汽车使用。另外,从调查中可以发现,许多受访者的家庭小汽车数量都大于1辆,一方面为了满足家庭成员不同的出行需求,另一方

生活方式绿色化之绿色出行

面可以避免单双号限行对出行带来的不便。因此,政府可以限制家庭拥有汽车数量,这样既能减少小汽车的使用率,又保证了交通限行政策的有效实施。

2. 开发绿色出行项目

汽车共享项目。在企业或社区内建立汽车共享俱乐部,鼓励在同一区域生活或工作的人们上下班同乘一辆车。建立汽车共享网络,将汽车共享资料在网络中分享,为有共乘需求的人提供即时、有效的信息。

自行车租赁项目。该项目在我国已有成功的案例,可以鼓励更多的城市结合自身城市特点推广公共自行车租赁项目。在项目实施的过程中应充分利用电视、广播、报纸以及网络等公共媒体对自行车租赁项目进行宣传,尤其针对租赁方式、站点分布、使用方式等基本信息向市民普及,可以通过社区组织居民开展试用活动。

基于社区的绿色出行营销活动。社区作为一个社会单位,既是维持自身基本需要的功能性空间单位,也是一个模式化的社会交往单位。以社区为单位开展"社区绿色出行"活动将有助于提升整个社会的绿色出行氛围。如开展居民绿色出行调查,了解居民的绿色出行情况及其出行需求;设立社区公共自行车服务,帮助社区居民实现最后一公里的绿色出行。

综上所述,环境因素的改善是促进浅绿色出行者实行绿色出行行为的一个重要方面,浅绿色出行者行为转化途径如图5-2所示。基础设施的完善和公共交通服务质量的提高有利于增加居民对公共交通出行的可得性;政府对发展绿色出行投入的资金和优惠政策能有效激励居民的绿色出行行为,相反,对私家车的限行限购政策则会抑制私家车的使用频率和购买数量;绿色出行项目的推广则为居民的绿色出行营造了良好的社会氛围和行为环境。

第5章 中国城市居民绿色出行行为的转变

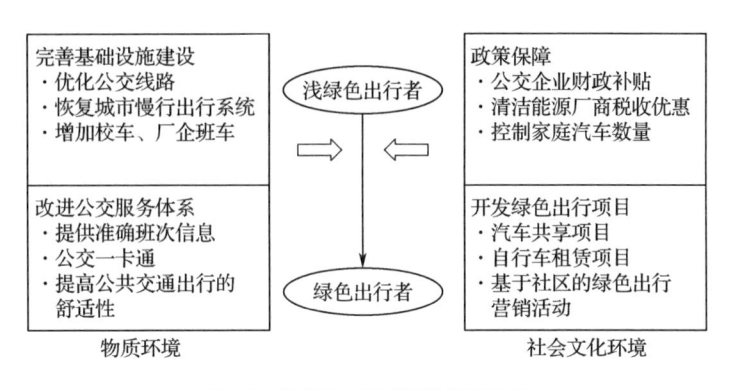

```
完善基础设施建设
·优化公交线路
·恢复城市慢行出行系统           政策保障
·增加校车、厂企班车    浅绿色出行者   ·公交企业财政补贴
                                  ·清洁能源厂商税收优惠
                                  ·控制家庭汽车数量

改进公交服务体系              开发绿色出行项目
·提供准确班次信息             ·汽车共享项目
·公交一卡通          绿色出行者  ·自行车租赁项目
·提高公共交通出行的            ·基于社区的绿色出行
 舒适性                        营销活动

   物质环境                    社会文化环境
```

图 5-2 浅绿色出行者行为转化途径

5.3 我国城市居民绿色出行行为的驱动

在第4章影响关系分析中,通过数据分析证实了行为意向对绿色出行行为有一定的预测能力,即行为意向对绿色出行行为具有一定的决定作用,居民的出行行为是受到行为意向支配的。而行为意向直接受到影响因素的影响,这些影响因素可以归结为个人因素和环境因素。个人因素除了直接影响行为意向外还受到环境因素的制约,外部环境的改变不仅会改变居民的出行意向还会对居民的心理因素等产生影响,即个人因素作为中介变量在环境因素对行为意向的影响过程中起到中介效应,其中一些因素起到完全中介效应,一些起到部分中介效应,还有的因素在环境因素作用过程中没有起到中介效应。结合这些数据分析的结果,本研究提出绿色出行行为的驱动机制。

5.3.1 说服型意向驱动

说服型意向是指居民产生绿色出行意向的过程是被动的,形成的原因主要是受到周围人的劝说,或者是环境因素改变而被迫形成的。这类行为意向受到交通设施、交通政策法规以及公关宣传等环境因素的影响,并且这些外部的环境因素并非直接作用于行为意向的,而是通过作用于环境态度、主观规范等个人心理因素而实现的。在说服型意向中交通设施、政策法规以及公共宣传三个环境因素标准化系数分别为 0.325、0.326 和 0.460,权重分别为 29.3％、29.3％、41.4％。

1. 交通设施

交通设施(X_F)对说服型意向(Y_P)的影响权重为 29.3％,而该因素对说服型意向的作用机理是通过环境态度(M_A)以及主观规范(M_S)等个人因素的中介效应实现的,如图 5-3 所示。通过中介效应检验可以看出:环境态度和主观规范两项中介变量起到完全中介效应;交通设施完全通过个人因素而作用于说服型意向。环境态度的中介作用在 0.001 的水平下显著相关,主观规范则是在 0.01 的水平下显著相关,可见环境态度的中介效应更为明显。

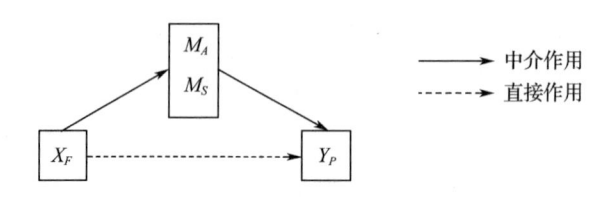

图 5-3　交通设施对说服型意向的作用机制

完善的交通设施、合理的交通布局会改善居民的环境态度,如公路周边的绿化率较高、公交车线路铺设到位,可以从客观上刺激居民对环境态度和价值观的改变,使其产生对环境有利的态度趋向,从而潜移默化地影响居民的出行意向。主观规范因素与出行者周围人的态度密切相关。一般情况下,当交通设施越完备,绿色出行越方便越便捷时,选择绿色出行交通方式的人会越多,而出行者的主观规范越容易被带动进而产生绿色出行的行为意向。

要让绿色出行走得更远,还需公共交通设施的强力支撑。要想让更

第5章　中国城市居民绿色出行行为的转变

多公众参与到绿色出行的队伍当中来,就必须构筑起更为完善、更有效率的公共交通服务体系,从而通过有效疏导,让更多人放弃私家车而选择公共交通工具出行。

2. 政策法规

政策法规(X_P)对说服型意向(Y_P)的影响权重与交通设施相近,为29.3%,而该因素对说服型意向的作用机理也是通过环境态度(M_A)以及主观规范(M_S)等个人因素的中介效应实现的,如图5-4所示。通过中介效应检验可以看出:环境态度和主观规范两项中介变量起到部分中介效应;政策法规通过个人因素而作用于说服型意向又直接对说服型意向有所影响。环境态度的中介作用在0.001的水平下显著相关,主观规范则是在0.01的水平下显著相关,可见环境态度的中介效应更为明显。

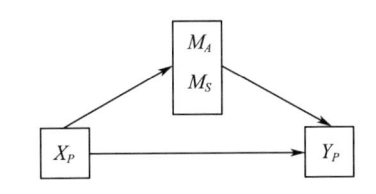

图 5-4　政策法规对说服型意向的作用机制

政策法规对居民出行意向的规范作用通过个人因素完成,制定严格和全面的政策法规可以在某种程度上让居民对绿色出行更加重视,在规范居民行为的同时在思想上也起到规范作用,帮助居民树立正确的环境认知,加强居民保护环境、实施绿色出行的态度。同时周围人的行为规范也会给居民自身对绿色出行的认知带来变化,提高主观规范性。

3. 公共宣传

公共宣传(X_B)对说服型意向(Y_P)的影响权重最高,达到41.4%,而该因素对说服型意向的作用机理也是通过环境态度(X_A)以及主观规范(M_S)等个人因素的中介效应实现的,如图5-5所示。通过中介效应检验可以看出：环境态度和主观规范两项中介变量起到完全中介效应；公共宣传完全通过个人因素而作用于说服型意向。环境态度的中介作用在0.001的水平下显著相关，主观规范则是在0.01的水平下显著相关，可见环境态度的中介效应更为明显。

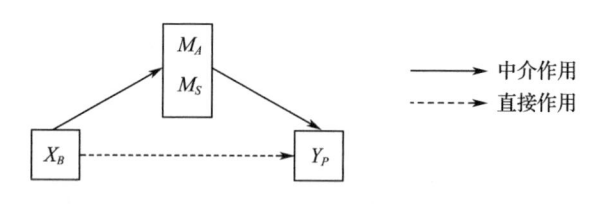

图 5-5 公共宣传对说服型意向的作用机制

公共宣传对说服型意向的驱动力最大，公共宣传的改变对说服行为意向的影响值超过四成。公共宣传的手段和途径很多，如网络、电视、杂志、报纸等媒体的公益广告，大型节日纪念活动；居民体验活动等。这些活动覆盖广、频率高，让居民在日常生活中通过主动或被动的途径参与进来，经过时间的积累，其环境态度、主观规范都会相应地有所改变，进而产生说服型的绿色出行意向。

5.3.2 自律型意向驱动

自律型意向是指居民的绿色出行的意向是自主产生的，这类行为意向受到交通设施、交通政策法规以及公共宣传等环境因素的影响，并且环境因素是通过作用于环境态度、主观规范以及环境知识等个人因素而实现的。在自律型意向中交通设施、政策法规以及公共宣传三个环境因素标准化系数分别为0.384、0.325和0.560，权重分别为30.3%、25.6%、44.1%。

1.交通设施

交通设施（X_F）对自律型意向（Y_S）的影响权重为30.3%，其作用机理

第5章 中国城市居民绿色出行行为的转变

是通过影响个人因素包括环境态度(M_A)、主观规范(M_S)和环境相关知识(M_K)等,从而影响意向的产生。个人因素在过程中起到中介效应的作用,如图5-6所示。中介效应检验结果显示,环境态度、主观规范以及环境知识三个中介变量在交通设施对自律型意向的影响中起部分中介效应,交通设施既通过作用于个人因素而影响自律型意向,又直接对自律型意向产生一定的影响。环境态度和主观规范的中介作用在0.05的水平下显著相关,而环境知识的显著性最明显,在0.001的水平下显著相关。

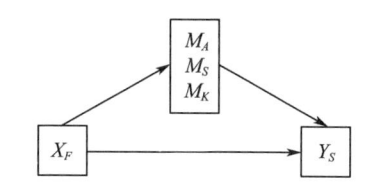

图5-6 交通设施对自律型意向的作用机制

数据分析结果表明,交通设施的改善会使居民产生正向的环境态度,并受到周围环境及周围人更多的正向刺激,当居民具有了更为正确和积极的环境态度,受到周围人的鼓励并且了解更多与环境相关的知识时,相应地去主动实施绿色出行行为的意愿就会更加强烈。与此同时,当交通设施更加完备,居民感受到选择绿色出行方式更加便捷和舒适的时候,居民自然会更加愿意去主动实施绿色出行行为。

2.政策法规

政策法规(X_P)对自律型意向(Y_S)的影响权重为25.3%,其作用机理是通过影响个人因素包括环境态度(M_A)、主观规范(M_S)和环境知识(M_K)等,进而影响意向的产生,其中个人因素在过程中起到中介效应的作用,如图5-7所示。检验结果显示,环境态度、主观规范以及环境知识三个中介变量在交通设施对自律型意向的影响中起部分中介效应,即政策法规既通过作用于个人因素而影响自律型意向,又直接对自律型意向产生一定的影响。环境态度和主观规范的中介作用在 0.05 的水平下显著相关,而环境知识的显著性最明显,在 0.001 的水平下显著相关。

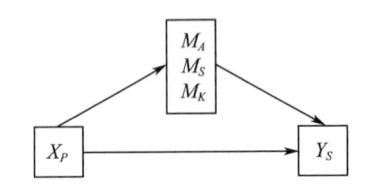

图 5-7　政策法规对自律型意向的作用机制

任何活动要大范围的推广首先应得到国家的重视。严格和健全的政策法规不仅仅可以直接规范居民的出行行为,更表明了国家、政府对绿色出行的重视程度,在一定程度上也加强了居民对绿色出行的认知。同时对于一些之前并未注意绿色出行或者环境保护的居民来说,是行为规范也是意识层面的提醒,可以帮助他们提高积极的环境态度和主观规范。

3.公共宣传

公共宣传(X_B)对自律型意向(Y_S)的影响权重为 44.1%,其作用机理是通过影响个人因素包括环境态度(M_A)、主观规范(M_S)和环境知识(M_K)等,从而影响意向的产生,而个人因素在过程中起到中介效应的作用,如图 5-8 所示。检验结果显示,环境态度、主观规范以及环境知识三个中介变量在交通设施对自律型意向的影响中起部分中介效应,交通设施既通过作用于个人因素而影响自律型意向,又直接对自律型意向产生

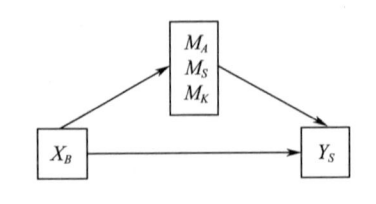

图 5-8　公共宣传对自律型意向的作用机制

第 5 章　中国城市居民绿色出行行为的转变

一定的影响。环境态度和主观规范的中介作用中在 0.05 的水平下显著相关,而环境知识的显著性最明显,在 0.001 的水平下显著相关。

公共宣传有多重途径和宣传内容,可以是对政策法规等的培训教育,可以是对环境保护理念的宣传,还可以是对绿色出行方式的介绍和推广。不同的宣传途径可以对不同的人群产生不同的影响,而不同的宣传内容可以起到改变居民的行为意愿,影响居民的环保态度,加强其主观规范性,同时还可以普及相关的知识。

5.3.3　绿色出行行为驱动

我国居民的绿色出行行为是受到居民出行意向驱动的,绿色出行意向在一定程度上可以起到预测出行行为的能力。在本研究中出行意向分为说服型意向和自律型意向,回归结果中两个回归系数分别为 0.298 和 0.550,可以看出自律型意向对绿色出行行为的影响大于说服型意向。

自律型意向在绿色出行行为的形成过程中起到主导作用,这说明城市居民实施绿色出行行为主要依靠自我规范和要求。换言之,增强居民的自身素质和意愿是解决我国绿色出行问题的重中之重。绿色出行并不是一个国家、一个政府的事情,而是要每个公民参与其中,只有每个人自愿且主动地去承担这份责任,才能真正地推广开来。

由劝说鼓励等因素引起的说服型意向,在绿色出行行为形成过程中起到辅助推进的作用,在绿色出行推广初期显得更为重要。一些居民原本的环保理念比较差,甚至没有这方面的意识,这时候就需要有力量去推动他们,使其先产生较为被动地实施绿色出行的意愿,在一定时间内达到绿色出行的效果。不论是具有主动性的自律型意向,还是具有被动性的说服型意向,都可以起到促进居民实施绿色出行行为的作用。

第 6 章　中国城市居民绿色出行行为管理对策

随着我国经济的快速发展以及工业化和城镇化的迅速推进,能源危机、资源枯竭、环境污染等问题接踵而至。特别是,自2013年以来,我国城市频繁出现的雾霾天气,给城市居民的健康带来了严重损害。为了建设资源节约型和环境友好型社会,贯彻"十九大"提出的"创新、协调、绿色、开放、共享"的新发展理念,落实《中华人民共和国国民经济和社会发展第十四个五年规划和2035年远景目标纲要》第十一篇中提出的推动绿色发展的目标和任务,实现自然资源的可持续利用和城市交通的可持续发展,为了缓解城市交通拥挤和空气污染,为城市居民提供健康绿色的生活环境,每个城市居民都应该行动起来,选择低能耗、低污染和低排放的绿色出行方式。然而,城市居民绿色出行的实施,不仅仅是居民的个人行为,更需要政府和社会组织为居民的绿色出行创造有利的条件。换而言之,城市居民出行行为的绿色转化需要政府、社会组织、城市居民等多方协作。

6.1　政府的角度

绿色出行,无论从节能减排,还是低碳发展抑或环境友好等方面来

第6章 中国城市居民绿色出行行为管理对策

说,都是一种非常好的行为理念和倡导方向。但是,在实际生活中,城市居民往往缺乏绿色出行意识或其行动与绿色出行的宣传口号并不一致。这就需要政府在创建和改善城市绿色出行环境、鼓励人们绿色出行等方面发挥巨大作用。运用层次分析法对环境因素各个题项进行影响力大小的评估,根据评估的结果得到了公共宣传、政策法规以及交通设施等措施建议对绿色出行行为影响力大小的排序,依据排序给出相关的政策建议,以期为我国政府对提高居民的绿色出行率提供有效建议。

6.1.1 加大公共宣传力度

公共宣传相关题项影响力由大到小分别为:

Q1.19 政府定期组织市民参与徒步等活动,接近大自然,会让我以后更愿意尝试绿色出行(影响力0.120);

Q1.16 杂志和报纸中对汽车污染环境的报道影响了我的出行选择(影响力0.108);

Q1.18 在世界环保日,很多人都实施绿色出行,使得公路上车辆减少,我感觉到非常棒(影响力0.107);

Q1.20 我会受到媒体对绿色出行倡导的影响(影响力0.104);

Q1.17 小区内宣传栏或路边广告牌上有关绿色出行的公益广告,会使我尽可能考虑绿色出行(影响力0.089)。

正如埃尼石油公司董事长朱塞佩·雷奇提到的,交通拥堵的最大问题是人们的观念和需求问题。作为一种促进和推行的策略,公共宣传正逐渐成为重要的城市绿色交通发展的管理工具。因此不能低估公共宣传在促进我国城市居民绿色出行行为中的作用。它不仅可以直接影响居民的出行意图,还有助于帮助居民树立正确的环境意识,加强对环境知识的掌握程度。

经过研究分析,在目前现有的公共宣传手段和途径中,让居民参与其中的绿色出行体验活动最为有效,居民通过亲自参与活动体验绿色出行为生活和周围环境带来的便利与好处,切身体会后更愿意改变自身行为;

第二位的宣传手段是报纸和杂志上对交通污染的报道,这个结果产生的原因是日常生活中有阅读报纸和杂志的人群一般素质偏高,有较高的绿色出行趋势并不奇怪;第三位的是绿色出行相关节日的盛行,绿色出行在我国推广之初就是借助"中国无车日"和"奥运绿色出行"等大型节日活动展开的,事实证明这些活动确实促进了绿色出行率,在每年的"无车日",北京、上海等大型城市的绿色出行率便会显著增长,由此看来,创办更多的绿色出行相关节日,并借助大型且有影响力的活动对绿色出行进行推广,是居民了解以及实施绿色出行的有效手段。政府应该在城市、社区开展更多绿色出行的公益活动,鼓励公众积极参与,并可以选择具有公共影响力的环保主义者,通过在新媒体中进行各种宣传来形成榜样或获得支持者。通过这些人的社会影响力传播与绿色出行有关的各种信息,不断影响其他人,以建立绿色概念、价值观和动机,创造绿色生活方式并最终产生一种氛围甚至时尚趋势。另外,媒体的宣传以及在社区的宣传所起到的效果相对较低,随着生活节奏的加快,出行行为的主体主要是上班族,这部分人群平时较少关注社区宣传等,而社区宣传以及电视等媒体宣传的受众群体多为老人或家庭主妇,这些人群又非日常生活中出行的主体人群,因此,这些宣传途径收效较小。由此看来居民参与度是政府在进行绿色出行公共宣传时要考虑的重要因素。

6.1.2 加强城市基础设施及配套建设

在有关城市交通设施方面,有关题项影响力由大到小依次为:

Q1.29 如果路段的绿化好、环境优美,我则喜欢步行或骑车(影响力0.104);

Q1.32 如果大部分非主干道上设有独立的自行车道,我一般会骑车出门(影响力0.101);

Q1.28 如果城市道路支系完善,我会骑自行车或步行出行(影响力0.091);

第 6 章　中国城市居民绿色出行行为管理对策

Q1.35　如果公交站点离我工作或居住的地址很近,我会选择公共交通进行(影响力 0.090);

Q1.27　如果公共交通很便捷,可以满足我的出行需求,我会选择(影响力 0.087);

Q1.34　如果在换乘公交车时,两路车站在同一处或相距不远,让我觉得很方便,我会选择公共交通(影响力 0.083);

Q1.33　如果公共交通可以满足我到达目的地的需求,我会选择乘坐(影响力 0.078);

Q1.30　如果候车环境舒适,我会选择公共交通(影响力 0.076);

Q1.31　寻找停车位是一件非常麻烦的事情,所以我会尽量选择公共交通出行(影响力 0.062)。

居民在选择出行方式的过程中便利与快捷是重要的考虑因素,居民的出行意向特别是自律型意向受到交通设施的影响较大,便捷的交通设施可以提高我国居民主动实施绿色出行的意愿。一些城市的公共交通布局不合理、公共交通覆盖率相对较低、公共交通不足以及公共交通共享率低、公共交通路线的规划欠佳,已成为我国公共交通发展和绿色出行的限制因素。此外,应优化现有的单中心径向运输网络的布局,加强不同运输方式之间的透明联系,提高交通管理水平,并解决运输"最后一公里"的问题。

根据对交通设施影响力的研究,对于倡导自行车以及步行出行部分,出行路段环境好,绿化到位是影响力最高的,居民更加看重周围的环境质量,增加道路绿化面积,修建街边公园和广场,并且保持街道的清洁卫生,对提高居民自行车或步行的出行率是最行之有效的方法;随着交通的发展,一些城市的慢车道逐渐变窄、减少甚至消失,这也是居民不选择自行车出行的原因之一,因此合理铺设慢车道,特别是在交通较为拥挤的路段,对于改善交通问题会有较大的帮助;对于公共交通出行,公交线路设计合理,公交站点的覆盖范围全面,站点间的衔接合理都是居民选择公共交通出行的重要因素,因此可借鉴日本、新加坡等国的做法,借助计算机技术,设置城市合理的公共交通运行体系,使公共交通在为居民提供更为便捷和舒适的出行环境的同时达到节能减排的目的,有利于我国绿色出行的推广。而居民对于候车环境的要求并不是非常严格,候车环境的舒适度对居民是否选择绿色出行没有直接的关系。另外,停车位的减少或者增大私家车的停车难度对于绿色出行的影响相对较小,这方面的相关政策措施可以适当放缓。政府除了要加快加快城市公共交通的基础设施建设,特别是站点、道路以及交通工具,同时也要建立监控城市公共交通的相关系统。此外,未来应把"公共交通引导发展"的概念纳入土地利用和城市规划当中,以在公共交通周围发展形成一个集功能整合和空间流动性于一体的多功能中心,加强规划的空间突出作用,提高利用效率。首先从高层宏观设计入手,通过完善的道路管理和城市设计,引导城市居民选择绿色出行方式,并通过城市设计来缩短居民的活动范围,从而减少居民使用汽车出行的需求或缩短汽车的行驶距离。形成网络化区域绿色发展和集成的空间布局,并支持相关道路网络的差异化布局与各种功能区的混合使用模式。

6.1.3 建立健全交通政策体系

在有关交通政策法规的制定方面,相应的题项影响力由大到小依次为:

Q1.26 国家对汽车征收尾气排放费用会使我减少开车出行的次数(影响力 0.091);

Q1.23 政府对公共交通的补贴会使我更多地选择乘坐公交(影响力 0.087);

Q1.24 停车费和油价的上涨使我尽可能地放弃开私家车出行(影响力 0.082);

Q1.22 交通法规越来越严格和复杂,致使开车出行变得越来越不方便,会使我放弃开车出行(影响力 0.076);

第6章 中国城市居民绿色出行行为管理对策

Q1.25 在一些交通比较繁华的路段限制不同型号汽车通行的时间,让我减少想开车出行的意愿(影响力0.073);

Q1.21 实施汽车限行政策,会降低我开私家车出行的意愿(影响力0.071)。

当前,与公共交通有关的法律法规还不完善。2007年,国务院法制办就《城市公共交通条例(草案)》征求了社会各界的意见,但无济于事。目前,仅交通运输部在2017年发布的一项新的部门法规《城市公共汽车和电车客运管理规定》(交通运输部令2017年第5号,2017年3月28号)代替了原建设部颁布实施的《城市公共汽电车客运管理办法》(中华人民共和国建设部令第138号,2005年3月23日)。这项新法规改善了行业发展和市场准入的问题,可以指导行业中的社会资本,有利于增加服务供应,提高服务质量,加强市场竞争。交通法规不仅可以规范中国城市居民的绿色出行行为,而且可以在一定程度上规范中国居民的环境态度和主观意识。在对交通法规的影响力分析中可以看出两个趋势:一是与经济方面挂钩的相应政策法规对绿色出行的影响相对较大;二是强制效应越强的政策法规对绿色出行的影响相对越大。

在所有的题项中,排在第一位的是对私家车尾气排放费用的征收,征收力度越强,范围越广,私家车出行的数量就越小,由此看来,借鉴英国的一些措施,合理地对私家车尾气排放征收一定的费用,有利于限制私家车出行的数量和频率;其次是公交卡的补助,2013年全运会期间,以沈阳市为中心全面推广"绿色公交卡",一时间使得沈阳的公共出行率提高了近10%,北京是最早实施公交卡补助的城市,也是目前我国公共出行率最高的城市,地方政府适当地推出绿色公交卡,并加大对此类的补助力度,对提高公共出行率有较大帮助;另外,停车费上涨、油价上涨等涉及居民切身利益的政策措施都对居民选择出行方式影响较大;严格的交通法规,对于控制私家车的出行也行之有效,交通部门应尽可能地完善城市交通法规法则,这样在规范城市交通意外之余还可以起到推动绿色出行的目的;而汽车尾号限行等政策在本书调研过程中计算的影响力值偏小,但是由于本书调研的城市中,只有北京一座城市实施了汽车限行政策,而其他城市的居民并未受到此政策的限制,所以该政策在绿色出行中所起到的作用并不能就此断定,而是需要进一步调研分析。特别是,政府应当制定绿色出行政策法规,引导和鼓励城市居民绿色出行,科学制订城市交通供需计划,并对居民的绿色出行需求进行有效调控。同时,应制定有利于绿色出行的战略,如"公交优先"战略,以促进居民绿色出行的发展。我国政府不仅要完善与健全交通政策法规,也要加强交通管理部门的监督执法力度,发挥公众对环境和社会的监督作用。

6.1.4 优先大力发展公共交通

为了减少能源消耗,改善交通系统的环保效能,让城市生活更加健康和安全,必须有效调控小汽车交通需求,增加公共交通、自行车和步行交通的吸引力。众所周知,公共交通比小汽车人均占用更少的道路空间和排放更少的污染,是一种更加可持续发展的交通方式,优先发展公共交通如今已成为全社会的共识。随着经济持续快速发展,城市化和机动化进程加快,中国已成为汽车的主要生产国和消费国。同时,机动车尾气排放造成的空气污染已逐渐成为困扰中国大中城市的一个问题。为了改善城市空气环境,加快轻轨、地铁、节能车和新能源车等公共交通的优先发展至关重要,在城市居民合理规划私家车出行需求和倡导绿色出行方面发挥作用。

我国政府不仅要优先发展公共交通,也要加大公共交通的发展力度。交通拥堵、环境污染是"城市病"的主要特征之一。由于城镇和乡村道路空间有限,人们教育、上班、娱乐和其他活动花费在路上的时间越来越多,这些时间大多被交通堵塞消耗。汽车使用的增加导致空气污染的增加。如今,机动车尾气排放已成为中国空气污染的主要来源之一,污染物排放量随着汽车数量的增加而呈线性增加。要解决城市交通和空气污染问题,必须充分发挥公共交通的重要作用,为广大市民提供快捷、安全、方便、舒适的公交服务,使广大市民愿意乘公交,更多地乘公交。因此,预防和治理"城市病"应当加快城市交通模式的转变,加大公共交通的建设力

第6章　中国城市居民绿色出行行为管理对策

度,打造绿色出行系统,加快绿色交通体系建设,建立以公共交通为主体的完整的交通体系,促进绿色、低碳、节能交通方式的发展,为市民提供健康、舒适、便捷的出行方式。

欧盟和世界其他国家已将"公共交通+自行车+步行"的城市绿色交通系统纳入国家交通发展战略中。对我国而言,首先应保证公共交通、自行车和步行在道路建设中的存在感和优先权,保证公共交通、自行车和步行的专有道路容量,提高道路管理和服务水平,实施监督专有道路的运行情况,对违规占用和肆意蚕食的情况予以重罚。虽然目前我国大部分城市都在大力建设公共交通系统,但公共交通系统的增速和出行分担率仍远低于欧美等发达国家,因此应继续增加公共交通系统建设投入,增加公共交通系统建设的资金投入,保障建设的可行性和可持续性,增加公共交通的覆盖密度,提高站点和路线覆盖率,实现公共交通、自行车和步行之间的无缝衔接,实现交通的全市快速可达性,提升公共交通的服务水平,提高公共交通候车环境和车内环境的舒适度,加大新能源汽车的研发。

为了优先发展公共交通和加大公共交通的发展力度,中国一些城市已开始建立三维立体公交系统和快速公交(Bus Rapid Transit,BRT)系统,但是涉及的城市受到限制,各种设施和保修政策也受到限制。因此,中国应继续执行城市公共交通优先发展政策,建立和优化公共交通信息服务,全面提高公共交通服务质量,并对城市公共交通公司采取税收优惠政策,对城市公共交通部门实行成品油价格补贴政策,对城市轨道交通经营者实行电价优惠政策,进一步保护行人和自行车的活动空间,并为行人和自行车提供更多的设施和物质激励,从而增加城市居民参与和实践绿色旅行的兴趣和热情。此外,拓宽投资渠道,鼓励民间资金参与城市公共交通建设。通过股权融资、信托投资、特许经营、战略投资等多种形式,吸引和鼓励私人资金参与交通基础设施的建设和运营,以减轻政府公共交通设施资金不足的问题。政府还应建立相关制度,进一步改善民间投资环境,适时推出市场前景广阔的公共交通建设项目,吸引民间资金进入公司,使私人资金参与公共交通设施的维护、运营和管理过程。

6.1.5 增加相关科研投入

作为社会和经济发展的重要载体和大量的能源消耗的交通工具,机动车无疑是温室气体排放的主要来源。在当前中国机动化快速发展的前提下,加快发展低碳交通运输体系是一项重大而紧迫的战略任务。在全球低碳经济发展和国家节能减排的新形势下,尤其是面对中国严重的城市交通拥堵,绿色出行和低碳运输越来越受到整个社会的关注。所谓的低碳交通运输是一种发展交通运输的新方法,其特征在于低能耗、低排放、低污染和高能效。其核心是提高运输的能源效率,改善运输的能源结构并优化运输。其目的是完善交通基础设施和公共交通系统并减少以传统化石燃料为代表的高强度、高碳能源的消耗。

低碳交通是一个系统的概念,无论是运输系统的计划、建设、运输、维护、生产还是运营,车辆的使用和维护,甚至系统和相关技术保证、消费方式、人员的运输或运输方法等必须以"低碳化"概念进行转化和优化。一方面,低碳化方法是双向的,包括减少"供应"或"生产"中的碳排放,例如提供低排放的运输服务系统;还包括减少碳排放的"需求"或"消耗",例如引导公众合理选择交通方式,鼓励使用公共交通工具或骑自行车等。另一方面,低碳化的手段多种多样,包括技术上的碳减排,例如节能和环保技术的应用;机构碳减排,例如市场准入和退出机制;结构性碳减排,例如通过优化网络结构和能力结构来提高能源效率。

倡导、发展绿色出行,需要政府在科研方面大量投入,但相较于其他疏堵方式每公里动辄数百万元、数亿元的巨大投入而言,绿色出行的投入显然微不足道,而它带来的社会效益,实难估量。政府应鼓励企业和有关部委加强绿色交通技术的研发,减少出行途中的污染,开发更节能和环保的运输工具。为了使居民响应政府的政策而购买新能源车,就必须让居民开得放心,因此要加大新能源车的研发,保证车的质量。坚持研发创新,并将成果成功应用于太阳能、风能、智能电网、电动汽车等新兴领域,用科技来改变"人类与自然"的关系,实现持续和谐发展。保护环境的同时,提高安全性、便利性和舒适性的绿色运输方式可以吸引居民,促使他们选择绿色出行。

6.1.6 提高城市交通管理和服务水平

我国城市居民在选择出行方式时,通常会比较私家车和其他方式(例如公共交通)的出行时间、舒适性、便利性和成本,并选择能够以最低的成本最大限度发挥自身效用的出行方式。为此,中国的城市交通系统应在高峰时段提高交通容量和服务水平,以减少拥堵。为满足未成年人上学的需求,应建立覆盖主城区的校车服务网络,提供安全便捷的校车服务,减少未成年人上学乘私家车出行现象。同时,对于强烈喜欢舒适和票价需求弹性小的目标人群,应提供个性化的商务班车服务,以吸引那些选择乘坐私家车寻求舒适感的居民转向公共交通出行。为了促进居民更多地乘坐地铁而减少私家车或出租车,政府可以要求地铁公司实施某些优惠措施,例如为老年人和学生提供优惠票价,并在公共假期实行优惠价格,对残疾人票价减半等。此外,在居民出行旺季,应增加地铁列车的车次,并增加前往繁华地区的地铁列车的次数,以使人们能够不用开私家车出门就能轻松地到达繁华的市区,这也在某种程度上解决了停车难的问题。当然,为了鼓励公交公司采购和使用新能源汽车,政府也制定了针对购买新能源汽车的财政补贴政策,如《车辆购置税法》《关于完善新能源汽车推广应用财政补贴政策的通知》(财建〔2020〕86号)、《关于进一步完善新能源汽车推广应用财政补贴政策的通知》(财建〔2020〕593号),但这些补贴政策还有待进一步完善。

政府必须从居民的角度考虑,改善城市交通管理和服务水平,事先制订应变计划以解决交通拥堵问题,即时发布天气预报。实时提供其他与居民出行有关的生活信息,使居民可以做好准备,确保真正解决居民将绿色出行概念转化为行为时遇到的各种问题。为了加快发展精细化交通管理,提高运输服务水平,政府应将科技创新作为工具、手段和制度创新机制,整合创新从管理到服务的过程,在管理中体现服务,注重管理的人性化、标准化和规范化。必须加强停车管理,按地区、按时段实行差异化停车优惠和差异化停车收费政策,并运用必要的经济、法律和行政手段规范停车行为。逐步改善现有的道路安全设施,并实现道路安全设施的同时规划、同时实施和同时接受,以及新近重建的道路交通的建设。还要加强农村道路安全设施建设,建立健全道路安全管理制度,确保经营安全。在进一步优化交通组织方面,科学建立区域单车道交通系统,研究城市公路和主要道路的高架车道,以及放射性射线的潮汐通道配置。

6.2 社会组织的角度

当然,政府在促进城市居民出行行为向绿色出行转变方面发挥了巨大作用,但是政府的举措多集中在政策、设施、法规等层面,对于绿色出行的宣传力度、相关绿色出行环保活动的开展强度等不够,而社会组织恰好可以弥补政府在这方面的不足。毋庸置疑,在促进公众对环境的认识和改善公众行为方面,非营利、环保等社会组织能发挥其特有的作用。

6.2.1 加大宣传力度

调查研究表明居民的环保意识通常不强,很少有居民了解低碳经济和绿色出行,因此增加与低碳经济相关的广告,向居民灌输有关环保方面的知识,是改善城市环境、促进绿色出行的根本。同时,如果广大市民不愿意配合,绿色出行活动或政策就不可能成功。因此,有必要继续进行绿色出行推广活动,以使人们了解城市交通问题及其负面后果,特别是对公共卫生和生活质量的影响。此类广告活动将鼓励人们养成低碳生活方式和绿色出行习惯,更多地使用公共交通工具、步行或骑自行车,尽可能减少对私家车的使用和对它的依赖性,促进绿色交通运输体系的建立和发展,实现城市的可持续发展。

当社会组织宣传与绿色出行有关的知识时,除传播环保知识外,必须

第6章 中国城市居民绿色出行行为管理对策

强调环境问题的紧迫性,同时还要强调绿色出行可以产生的影响,以便改善居民对绿色出行的态度。例如,除了向公众通报诸如 $PM_{2.5}$ 之类的空气污染状况外,需要告诉他们尾气排放是一个重要原因。还可以通过媒体进一步告知公众各种绿色出行方式可以改善环境的原因。例如,绿色出行对改善空气质量的影响,并对绿色出行的影响进行量化,以便人们可以更直观地认识到绿色出行对人们的重要性。可以有效改善居民对绿色出行的态度,进一步加强其绿色出行的意愿。简而言之,让城市居民树立强有力的绿色出行理念是促进他们选择绿色出行的重要一步。因此,在广告中,不仅要宣传绿色出行的基本知识,而且要强调绿色出行对居民个人生活和环境保护的重要性。此外,社会组织要用居民乐于接受的、丰富多彩的宣传形式,大力强化环保、绿色理念,营造以简朴、绿色为荣为酷,以绿色出行为健康、时尚的新型环境友好型社会氛围,让更多的人愿意率先垂范,以身作则,尽早加入绿色出行行列。通过组织开展多样化、富有群众参与性的宣传和体验活动,深入宣传绿色出行的重大意义,加快推动社会公众形成绿色生活方式的理念和行为准则。

只有进行科学宣传,才能使倡导绿色出行收获实效。在对公众进行绿色出行的宣传和引导时,既要充分发挥广播电视这些强大的大众媒体的力量,加大诸如绿色出行与低碳减排、公众绿色出行方式与大气污染治理之间关系的宣传力度,使大众媒体成为绿色出行宣传的主阵地;同时,也需要大量利用诸如报纸、宣传册和广告牌之类的实用传播方法,并在系统地增进知识的基础上增加对绿色出行方法的引入。引导公众结合自家特点选择低碳交通工具,推动公众通过积极的绿色出行减少家庭碳排放量,参与改善城市交通状况的活动中,提高生活环境质量。

6.2.2 组织开展相关环保活动

我国正处于城镇化和机动化快速发展时期,城市交通面临巨大压力,建设资源节约型、环境友好型社会的任务艰巨。开展相关环保活动,有利于在全社会倡导绿色出行的理念,引导城市建设低污染、低消耗、低排放

生活方式绿色化之绿色出行

的绿色交通体系,转变城市交通发展思路,促进个人出行方式的改变,预防和治理"城市病",缓解交通拥堵,降低空气污染,减少交通事故,对增强城市可持续发展能力具有重要意义。

绿色出行,从小事做起。人们应树立环境保护的观念,在出行途中和日常活动中注意环境保护。例如,环保组织可以在社区组织免费发放购物袋活动,这样人们去超市购物时就不需要用一次性塑料袋了。随着时间的流逝,保护环境的想法将慢慢植根于人们的心中。绿色出行方式不仅应当对环境是友好的,还应是一种更舒适、更快和更环保的交通方式。绿色出行应当始于自身。首先,我们必须树立正确的道德观念,并将保护环境视为我们日常生活的一部分。同时,在社区定期组织与"节能减排,绿色出行"有关的活动,如举办"节能减排,绿色出行"知识竞赛,并对获胜家庭进行奖励。让每个人都在轻松愉快的氛围中意识到节能、减排和绿色出行的重要性。还可以在社区阅览室中存放有关环保的书籍供居民阅读。在社区、公交车站牌等地方粘贴标语,号召市民选择公交、地铁、自行车、步行等绿色出行方式,科学合理地使用小汽车,为缓解城市交通拥堵,建设美丽城市、绿色城市做出自己的贡献。联合公交公司开展"公交出行月"活动,深化居民绿色出行乃至低碳生活的理念和驾驶员文明行车的理念。配合市政府开展"中国城市无车日活动",增强人们绿色出行的意识,让绿色出行的理念深入人心,唤起人们对节约能源和保护环境的关注。开展中国的"绿色出行周",提出"反思你的出行习惯""今天出门怎么走""您知道汽车尾气对环境的污染吗"或"私人汽车该怎么用"等口号,并以此作为活动的主题,利用媒体进行大规模广告宣传,在全体市民中广而告之,启发市民自觉反思"我的出行习惯好吗?对健康有益吗?对保护环境有益吗",从而让市民主动讨论并思考如何使用创新方式来满足自身的出行需求,同时还有利于环境保护、城市发展和个人健康。

民间社会组织在提高公众对环境的认识和改变公众行为选择方面可以发挥独特作用。民间组织开展的与绿色出行有关的环保活动,比较成功的如:中国国际民间组织合作促进会(简称民促会)绿色出行基金联合

第 6 章　中国城市居民绿色出行行为管理对策

北京市环境保护宣传中心、北京公共交通控股(集团)有限公司和北京市政交通一卡通有限公司等单位举办"少开一天车"绿色出行低碳交通卡发行仪式,向城市居民发行 20 000 张低碳交通卡。"少开一天车"绿色出行低碳交通卡为"水晶胶"异型纪念交通卡,除了具有常规公交卡的所有功能外,该卡还具有一吨二氧化碳指示,即居民购买低碳旅行卡时,可以通过民促会绿色出行基金贡献一吨二氧化碳指标。

6.2.3　促进绿色文化建设

为促进我国社会绿色出行文化的建设,社会组织应增加公益广告和绿色出行广告,加强绿色出行交流,对城市居民进行绿色出行教育,以帮助居民更好地理解绿色出行的概念,然后将其转化为具体的行为。建设"绿色城市"是每一个城市居民的责任。为了营造舒适宜人的环境,为后代留下干净美丽的自然家园,让我们从现在开始共同行动,参与绿色出行活动,让绿色出行成为一种意识,成为一种实实在在的行为与习惯,成为一种文化。

比如,形成一种文化氛围:当上班地点和居住地点步行时间在 30 分钟之内,绝大多数市民选择步行上下班。城市居民出行频繁使用私家车会造成城市的交通拥堵,导致石油等资源的压力越来越大,同时私家车的使用也会排放大量的二氧化碳等温室气体,引起全球性气候问题。鉴于此,相关组织应提倡绿色出行,号召广大居民行动起来,按照绿色出行的优先级依次选择步行、自行车、公共交通(电车、地铁、轻轨、公共汽车)、共乘车等方式,潜移默化地影响居民的出行意识,逐渐形成绿色出行氛围,最后演变为一种出行文化。可以构建绿色骑行文化。作为一种交通工具的自行车可以广泛用于健身、休闲和娱乐,并具有低碳排放和环境保护的功能。在伦敦,拥有汽车对普通市民而言并不是什么新鲜事,但拥有一辆独特的自行车则象征着市民对健康和生活乐趣的追求。总之,社会组织要采取措施促使城市居民树立一种可持续发展的理念,深思现阶段城市居民的消费模式、生产模式和生活方式,选择更加合理、更加方便的出行方式,从而使绿色出行形成一种绿色时尚,成为一种绿色出行文化。

6.3 城市居民的角度

城市居民的绿色出行不仅有利于缓解城市交通拥堵,减少空气污染,节约能源,更是实现社会和城市交通可持续发展的重要环节。城市居民绿色出行的实施需要多方的共同合作。除了政府和相关组织要加大环保宣传力度,完善城市交通基础设施,健全相关法律法规,开展相关环保活动,建设绿色文化等之外,还需要广大市民的积极配合和参与。这需要居民从我做起,践行绿色出行。众所周知,"行"是每个人日常生活的一部分,个人的出行会对环境产生重要影响。

在前文中,我们依据城市居民价值观、环境态度及对相关绿色出行环境政策态度等的不同,运用 Q 方法对城市居民绿色出行人群的特征进行研究,将城市居民分为三类:绿色出行者、浅绿色出行者和棕色出行者。其中,棕色出行者持有自我主义价值观且出行行为多受个人出行习惯的影响,很少考虑环境因素。浅绿色出行者具备较为良好的价值观和环境态度,但在实施绿色出行行为时易受环境因素的影响。同时,还通过实证研究,运用行为调查/意向调查(Revealed Preference/Stated Preference,RP/SP)方法对城市居民绿色出行行为的内外部影响因素识别及其作用机理进行研究,构建出了我国城市居民绿色出行行为理论模型。

6.3.1 树立绿色出行理念

汽车的出现及该行业的兴起为人类带来了一定的便利性,同时也促进了交通基础设施的改善,提供了就业机会,为建立城市间的贸易联系起到了关键作用,促进了经济发展。但是人类也为此付出了环境的代价。

为了我们赖以生存的环境不再遭到破坏,城市居民首先要主动了解

第6章　中国城市居民绿色出行行为管理对策

一些环保和绿色出行知识。居民要知道在当今世界,机动车数量的迅速增加导致了巨大的能耗、严重的空气污染和交通拥堵。汽车尾气中含有许多有害气体,例如一氧化碳、碳氢化合物和氮氧化物。由于1.5米以下空间是尾气排放聚集区,因此儿童吸入的废气量是成年人的两倍。其中,一氧化碳与人血中的血红蛋白结合的速度比氧气快250倍。因此,即使仅吸入少量一氧化碳,也可能对人造成低氧作用。在轻度情况下,会产生头晕和头痛的症状,在严重的情况下,会让脑细胞遭受永久性损害。为了使我们的城市更清洁,人类更健康,环境更宜居,生活更安定,世界上每个人都应自觉地践行绿色出行,减少废气污染。绿色出行具有丰富的内涵,是指所有节能、减少污染、提高能效、有益健康的出行方式,例如步行、骑自行车或乘坐公共交通工具。如果距离小于5公里,在天气和身体条件允许的情况下,骑自行车和步行是较佳选择。火车、地铁和公共汽车等公共交通工具通常是绿色的交通工具(相对于环境而言),因为它们可以承载更多的乘客,平均而言每个乘客造成的污染更少,消耗的能源更少。

城市居民在拥有一定的环境知识和出行知识后,才能树立正确的绿色出行理念。要意识到绿色出行是一种低排放、低能耗、低污染、环保健康的出行方式,它有利于集约使用道路资源,有利于降低能源消耗,有利于减少尾气排放,有利于提高市民健康水平,有利于打造宜居城市。城市居民也要意识到城市公共交通在占用道路空间、污染物排放和能源消耗等方面,具有其他交通方式无法比拟的优越性,乘坐公交车出行是减少污染、减轻拥堵的好办法;骑自行车既保护环境又锻炼身体,成本低,方便快捷;步行是最安全、最方便和最适宜的运动和出行方式,既可以增进健康,又有利于环保;减少使用私家车,不仅为节能减排做贡献,更体现了我们健康的生活态度。总之,居民树立低碳环保的绿色出行理念之后,要从我做起,拿出实实在在的行动,带头做到绿色出行,切实起到表率作用。

6.3.2 积极参与相关环保活动

思想是行为的先导,理念可以深化行为。居民在树立了绿色出行的理念之后,要积极参与政府或相关组织开展的活动。首先,服装、食物、住所和交通是城市居民日常生活和消费的主要内容。一个人对衣食住行和其他行为的选择不仅反映出他的经济能力和偏好,而且反映出其社会责任感和生活方式、价值观甚至社会文化。在衣食住行几个方面,"行"涉及的社会问题多于其他几部分,消费者行为会影响诸如公共资源(如道路)、能源和公共安全等多个方面。故选择绿色的出行方式,积极参与相关环保活动是每一个市民应尽的社会责任。就像 2012 年中国城市无车日活动的主题"关爱城市·绿色出行"突出强调的那样,促进城市可持续发展,既是城市政府的职责,也是城市居民的义务,需要城市政府和居民共同提高认识、采取行动,进一步改善绿色出行条件,更多地选择绿色出行方式。其次,在中国这样一个城市人口庞大的国度,无论政府和社会组织提供了多么完美的物质环境和社会环境,如果没有广大市民的参与和配合,那么,绿色出行的实施就是镜花水月、空中楼阁。

没有公众的合作,城市交通政策的实施将无法成功。因此,有必要不断开展有关绿色出行的广告活动,以使人们了解城市交通问题及其负面影响,特别是对公共卫生和生活质量的影响。这种广告宣传活动将鼓励人们更多地使用公共交通工具,或骑自行车和步行,尽可能减少对汽车的使用和依赖,养成低碳的生活方式和绿色出行习惯,促进绿色交通运输体系的建立和发展,实现城市可持续发展,加快交通文明建设。有必要加强宣传和教育,在社区、家庭、学校、工作单位和农村地区促进交通文明,以提高人们对现代循环交通的认识。通过"公共交通周""无车日"和"少开车"等活动,促进乘坐公共交通、骑自行车和步行等环保出行方式发展,并营造"改善流通,我参与,交通顺畅,我快乐"的社交氛围,完善文明出行、文明服务和文明管理的长效机制。

为了营造舒适宜居的绿色家园,为了让城市道路不再拥堵,交通更加有序、安全、畅通,为了社会更加和谐,让我们共同行动起来,从现在开始,选择绿色出行,让绿色出行成为一种意识,成为一种习惯。

6.3.3 严格遵守相关法律法规

为促进城市交通节能减排,加快城市交通发展方式转变,预防和缓解城市交通拥堵,减少城市空气污染(尤其是 $PM_{2.5}$),要提倡绿色出行。而作为城市的主人,居民应自觉遵守交通秩序和法律法规,倡导绿色出行、文明交通、遵守秩序、爱护环境的行为。当前道路交通发生的"乱"象,相当一部分是交通参与者的不良行为造成的。这部分人的行为心态大致有骄横、烦躁、无知等类型。有的驾驶豪车者目中无人,自以为高人一等,不把交通法规和行人安全放在眼里;行人中也有一些骄慢者,不顾红灯,也不理会汽车在礼让他;还有少数人无知,不懂法规。其根源是文化修养、公共道德和守法意识的缺失。所以要大力加强宣传教育和必要的处罚。对于富而骄横、无法无天的肇事者,就要依法严惩,让他在服刑中接受教育,使之懂得应该对国家、社会、民众感恩和对法律法规敬畏。对全社会来说,要在大力提高全民文化素养的同时,大力加强树立公共道德和守法意识的宣传教育。若整个社会大兴遵纪守法之风,人与人交往大兴礼貌谦让之风,城市道路交通的有序、畅通指日可待。

6.3.4 积极参与绿色出行

绿色出行即选择一种对环境影响最小的出行方式。而公共交通是一个城市的动脉,提倡绿色出行,采用公共交通工具出行,能够节约交通资源和成本,缓解城市的道路拥堵情况。且公共交通在减少能耗、减少污染和提高运输效率方面优于私家车。

绿色出行与其说是一种出行的方式,更应该理解为一种生活态度,一种时尚和文明。回归绿色出行文化和促进绿色出行是构建和谐社会的基础。绿色交通蕴含着尊重自然的内涵,回归绿色交通意味着要回归人与自然之间的和谐。绿色出行还代表着交通文明,这已成为世界上许多国

生活方式绿色化之绿色出行

家和地区的一种社会趋势。改善绿色出行者的出行条件并倡导绿色交通可以从根本上改善人与自然之间的关系、人与人之间的关系以及人们在交通环境中的感受。在全社会达成绿色共识,给绿色出行以崇高的社会地位,改变"汽车化代表现代化,小汽车是身份的象征"等错误观念,即从价值观的角度减少私家车的使用。

参考文献

[1] 王家庭,臧家新,卢星辰,等.城市私人交通和公共交通对城市蔓延的不同影响——基于我国65个大中城市面板数据的实证检验[J].经济地理,2018,38(2):74-81.

[2] 霍沛.私人交通与公共交通发展关系的研究[D].大连:大连交通大学,2016.

[3] 中华人民共和国交通运输部.2011中国交通运输统计年鉴[R].北京:人民交通出版社,2021.

[4] 张伯顺.产销创历史新高 刷新全球车市纪录——2013年12月及全年中国汽车市场分析[J].汽车与配件,2014(3):30-32.

[5] 姚树申.基于人类行为特征的城市公共交通出行模式研究[D].广州:华南理工大学,2019.

[6] 徐华峰,夏创,孙林.日本ITS智能交通系统的体系和应用[J].公路,2013(9):187-191.

[7] 杨戈金.城市道路交通设施存在的问题及对策[J].大众标准化,2019(14):73+75.

[8] 李佳蓉,夏昊,张迎,等.城市居民出行O/D时空分布特征的轨迹数据提取[J].测绘科学,2020,45(2):150-158.

[9] 贾凡.基于解释结构模型和MICMAC的城市交通拥堵问题分析

[J].河北大学学报：自然科学版，2020，40(4)：344-350.

[10] 郭继孚，刘莹，余柳.中国大城市交通用拥堵问题的认识[J].城市交通，2011(3)：8-13.

[11] 张泽宇.重庆市交通拥堵影响因素分析[J].智能城市，2019，5(12)：147-148.

[12] 石飞，沈青.中国城市交通拥堵成因与对策——交通工程、城乡规划和经济学视角的分析[J].城市交通，2019，17(2)：90-95.

[13] 李瑗萱.全面治理城市交通拥堵对策研究——以重庆市为例[J].重庆文理学院学报：社会科学版，2019，38(2)：37-44.

[14] 杨嘉琦.基于系统动力学的成都市城市交通拥堵治理政策的研究[D].成都：西南财经大学，2019.

[15] 高菽晨，杨宏业，王葆元，等.基于大数据的呼和浩特交通拥堵状态分析及对策研究(上)[J].内蒙古工业大学学报：自然科学版，2018，37(6)：437-442.

[16] 张家祺，杨宏业，王葆元，等.基于大数据的呼和浩特交通拥堵状态分析及对策研究(下)[J].内蒙古工业大学学报：自然科学版，2018，37(6)：443-447.

[17] 卢笛声.中国低碳治理的制约因素和相应对策[J].地理科学，2014，34(3)：265-271.

[18] 魏贤鹏，朝鲁，战秋艳，等.基于系统动力学的城市道路交通污染控制问题研究[J].数学的实践与认识，2017，47(23)：117-126.

[19] 胡晓鸣，黄伟.城市道路交通污染现状及改善措施[J].城市建设理论研究：电子版，2013(9)：1-8.

[20] 渠玉英，渠丽娜.交通污染对大气环境影响的探讨[J].中国环保产业，2013(11)：42-43.

[21] 方堃，武俊伟.雾霾天气背景下城市低碳交通发展政策创新探讨——基于启发式教学法延伸阐述[J].科技创业月刊，201(1).

[22] 刘雪莲，姚焕新，焦新龙，等.城市道路交通能耗影响因素及控制

对策[J].黑龙江交通科技,2019,42(12):170-171.

[23] 耿勤,佘湘耘,朱虹,等.我国交通运输能源消费的初步分析与探讨[J].中国能源,2009,31(10):28-29.

[24] 金晔,江可申,姚山季.可持续消费综[J].述生态经济,2009,11:84-89.

[25] 李华友.我国推广可持续消费的重点领域与政策建议[J].节能与环保,2007,4:20-23.

[26] 杨家栋,秦兴方.世纪之交人类共同面临的战略性研究课题[J].扬州大学学报:人文社会科学版,1997,1:1-6.

[27] 董雅丽,杜振涛,李治国.消费价值观对消费行为影响的实证研究[J].调研世界,2011,10:47-50.

[28] Rouche M, Bergeron J, Barbaro-forlea G. Targeting consumers who are willing to pay more for environmentally friendly products [J]. Journal of Consumer Marketing, 2001, 18(6): 503-520.

[29] 黎建新.消费者绿色购买研究:理论、实证与营销意蕴[M].长沙:湖南大学出版社,2007.

[30] Corraliza J A, Berenguer. Environmental values, beliefs, and actions a situational approach [J]. Environment and Behavior, 2000, 32(6): 832-848.

[31] 兰静,诸大建.可持续交通消费的接受和使用行为研究——基于上海市汽车共享的调查[J].中国人口·资源与环境,2016,26(11):98-105.

[32] 涂颖菲,韩斌,蒲琪.我国城市轨道交通可持续发展的内涵解析[J].中国人口·资源与环境,2013,23(2):197-200.

[33] 王炜.城市交通系统可持续发展规划框架研究[J].东南大学学报:自然科学版,2001(3):1-6.

[34] 刘冬飞.绿色交通:一种可持续发展的交通理念[J].现代城市研究,2003,1:60-63.

[35] 邓晓翔,文军.适应与替代:城市交通可持续转型的治理图景及应对策略[J].华东理工大学学报:社会科学版,2020,35(4):110-124.

[36] 任继梅.循环经济模式下公路交通运输的可持续发展研究[J].中外企业家,2019(30):234.

[37] 付加锋,庄贵阳,高庆先.低碳经济的概念辨识及评价指标体系构建[J].中国人口·资源与环境,2010,20(8):38-43.

[38] 宿凤鸣.低碳交通的概念和实现途径[J].综合运输,2010(5):13-17.

[39] 张亚暾.城市低碳交通评价指标体系研究——以杭州市为例[J].中小企业管理与科技(上旬刊),2018(7):99-100.

[40] 潘长魏.低碳交通的概念与实现途径分析[J].低碳世界,2017(6):227-228.

[41] 顾尚华.构建低碳交通的策略[J].交通与运输,2013,29(1):21-22.

[42] 朱婧,刘学敏,初钊鹏.城市低碳交通的发展途径分析[J].生态经济,2016,32(1):76-81.

[43] 崔冬初,于悦.低碳交通的国际经验及对我国的启示[J].生态经济,2014,30(9):68-72.

[44] 胡兴华.绿色交通概念解析[J].交通节能与环保,2015,11(2):56-60.

[45] 徐洪磊.绿色交通的理论框架与政策建议[J].交通运输部管理干部学院学报,2014,24(1):12-17+27.

[46] 胡金东,拓娇娇.城市绿色交通发展路径研究——以西安市为例[J].重庆交通大学学报:社会科学版,2020,20(5):31-36.

[47] Martin W, Irrgang L, Kiefer A T, et al. Mass- and power-related efficiency trade-offs and CO_2 emissions of compact passenger cars [J]. Journal of Cleaner Production, 2020, 243: 118-326.

[48] Wang S, Wang J, Yang F. From willingness to action: Do push-pull-mooring factors matter for shifting to green transportation? [J]. Transportation Research Part D: Transport and Environment, 2020, 79: 102-242.

[49] Geng J, Long R, Birhane G E, et al. Drivers' intentions toward green transport in China: Understanding associations between demographic and policy factors [J]. Resources, Conservation and Recycling, 2020, 161(1): 49-81.

[50] 庞哲, 谢波. 城市绿色交通的内涵、特征及发展策略——基于国外实践经验的思考[J]. 规划师, 2020, 36(1): 20-25+37.

[51] 凤振华, 王雪成, 张海颖, 等. 低碳视角下绿色交通发展路径与政策研究[J]. 交通运输研究, 2019, 5(4): 37-45.

[52] 黄玖菊, 李永玲. 我国绿色交通研究综述[J]. 福建建筑, 2012(9): 56-60.

[53] Benhong Zhou. The contemporary value of green traffic development concept [J]. Creativity and Innovation, 2019, 31(4).

[54] 何建伟, 曾珍香, 李志恒. 智能交通系统实施效益的综合评价研究[J]. 交通运输系统工程与信息, 2010, 10(1): 81-87.

[55] 徐一旻. 基于物联网的新一代智能交通管理系统探析[J]. 武汉大学学报: 哲学社会科学版, 2012, 65(6): 133-137.

[56] Cullinane S. The relationship between car ownership and public transport provision: A case study of Hong Kong [J]. Transport Policy, 2002, 9(1): 29-39.

[57] Beirao G, Cabral J. Understanding attitudes towards public transport and private car: A qualitative study [J]. Transport Policy, 2007, 14(6): 478-489.

[58] Schwemer J. Renewal of visual pigment in photoreceptors of the blowfly [J]. Journal of Comparative Physiology A, 1984, 154(4):

535-547.

[59] Prillwitz J, Barr S. Moving towards sustainability? Mobility styles, attitudes and individual travel behaviour [J]. Journal of Transport Geography, 2011, 19(6): 1590-1600.

[60] Susilo Y O, Williams K, Lindsay M, et al. The influence of individhuals' environmental attitudes and urban design features on their travel patterns in sustainable neighborhoods in the UK [J]. Working Papers in Transport Economics, 2012, 17(3): 190-200.

[61] John Thøgersen. Understanding repetitive travel mode choices in a stable context: A panel study approach [J]. Transportation Research Part A: Policy and Practice, 2006, 40(8): 621-638.

[62] Ampt E. Voluntary Household Travel Behaviour Change-Theory and Practice[C]. Atlanta: 10th International Conference on Travel Behaviour Research, 2003.

[63] 张文尝, 王成金, 马清裕. 中国城市居民出行的时空特征及影响因素研究[J]. 地理科学, 2007, 27(6): 737-742.

[64] 尹静. 北京市居民出行方式选择意向研究[D]. 北京: 北京交通大学, 2012.

[65] 徐芹芳, 陈萍, 裘益芳, 等. 杭州居民"低碳生活—绿色出行"方式的调查研究[J]. 能源应用, 2011, 10(3): 90-101.

[66] 张政. 老年人出性行为特征及其分析方法研究[D]. 北京: 北京交通大学, 2009.

[67] 郝京京, 张玲, 吴小龙, 等. 考虑制定出行的儿童通学方式选择行为研究[J]. 交通运输系统工程与信息, 2020, 20(1): 111-116.

[68] 张萌. 女性出行行为特征研究[D]. 北京: 北京交通大学, 2007.

[69] 张敏, 欧国立. 城市公共交通补贴问题分析[J]城市公共交通, 2001(3): 9-12.

[70] 杨冉冉, 龙如银. 基于扎根理论的城市居民绿色出行行为影响因素

理论模型探讨[J]武汉大学学报：哲学社会科学版，2014，67(5)：13-19.

[71] 刘宇伟. 国外减少汽车出行的政策与措施[J]. 城市问题，2012(9)：86-90.

[72] 胡垚，吕斌. 大都市低碳交通策略的国际案例比较分析[J]. 国际城市规划，2012，27(5)：102-111.

[73] 丰竹丽. 激励个体亲环境行为的心理学途径探索[J]. 改革与开放，2018(20)：80-81.

[74] 彭运石，王珊珊. 环境心理学方法论研究[J]. 心理学探新，2009，29(3)：11-14.

[75] Schahn J, Holzer E. Studies of individual environmental concern：The role of knowledge, gender, and background variables [J]. Environment and Behavior, 1990, 22(6)：767-786.

[76] Ajzen I. The theory of planned behavior [J]. Organizational Behavior and Human Decision Processes, 1991, 50(2)：179-211.

[77] Bamberg S, Ajzen I, Schmidt P. Choice of travel mode in the theory of planned behavior：The roles of past behavior, habit, and reasoned action [J]. Basic and Applied Social Psychology, 2003, 25(3)：175-187.

[78] 郑浦阳. 国内外消费者行为研究综述[J]. 价值工程，2020，39(16)：253-257.

[79] Sheppard B H, Hartwick J, Warshaw P R. The theory of reasoned action：A meta-analysis of past research with recommendations for modifications and future research [J]. Journal of Consumer Research, 1988：325-343.

[80] 陈业华，田子州. 组织"力场"对AMT环境下员工行为的影响[J]. 科学学与科学技术管理，2012，33(2)：159-166.

[81] Stern P C. New environmental theories：Toward a coherent theory

of environmentally significant behavior [J]. Journal of Social Issues, 2000, 56(3): 407-424.

[82] Guagnano G A, Stern P C, Dietz T. Influences on attitude-behavior relationships: A natural experiment with curbside recycling. [J]. Environment and Behavior, 1995, 27(5): 699-718.

[83] Choi H, Jang J, Kandampully J. Application of the extended VBN theory to understand consumers' decisions about green hotels [J]. International Journal of Hospitality Management, 2015, 51: 87-95.

[84] Aarts H, Verplanken B, Knippenberg A V. Habit and information use in travel mode choices. [J] Acta Psychologic A, 1997, 96(1), 1-14.

[85] Young K, Anderson D A. Prevalence and correlates of exercise motivated by negative effect [J]. International Journal of Eating Disorders, 2010, 43(1): 50-58.

[86] Dahlstrand U, Biel A. Pro - environmental habits: Propensity levels in behavioral change [J]. Journal of Applied Social Psychology, 1997, 27(7): 588-601.

[87] Skinner B F. The control of human behavior [J]. Transactions of the New York Academy of Sciences, 1955, 17(7): 547-51.

[88] 周惠, 赵微, 徐雯. 基于 Lewin 行为模型的农地整理项目农民管护行为研究[J]. 资源开发与市场, 2017, 33(2): 129-133+138.

[89] Albert Bandura. Organisational applications of social cognitive theory [J]. Australian Journal of Management, 1988, 13(2): 275-302.

[90] Triandis H C. Values, attitudes, and interpersonal behavior [J]. Nebraska Symposium on Motivation, 1980, 27: 195-259.

[91] 姚丽芬, 龙如银. 基于扎根理论的游客环保行为影响因素研究[J].

重庆大学学报：社会科学版，2017，23(1)：17-25.

[92] 杨冉冉，龙如银. 国外绿色出行政策对我国的启示和借鉴[J]. 环境保护，2013，41(19)：68-69.

[93] 周珂，张卉聪. 论我国城市绿色公共交通的法制化[J]. 法学杂志，2014(2)：108-115.

[94] 周珂，梁文婷，李姗姗. 论构建我国低碳交通运输法律体系[J]. 法治研究，2011(2)：6-11.

[95] 樊建强. 以新加坡模式为参考规划城市交通低碳发展[J]. 环境保护，2013，41(11)：77-78.

[96] 臧杰. 从伦敦环境保护看城市道路交通污染控制方向[J]. 黑龙江工程学院学报：自然科学版，2012(4)：19-21.

[97] 易汉文. 美国2005年城市机动性报告摘要[J]. 城市交通，2006，4(3)：82-86.

[98] 维坎·维奇克. 城市公共交通运营、规划与经济：运营部分[M]. 宋瑞，何世伟，译. 北京：中国铁道出版社，2012.

[99] 罗德尼·托利. 可持续发展的交通，城市交通与绿色出行[M]. 孙文财，等，译. 北京：机械工业出版社，2013.

[100] 曹保刚，贾玉娥. 公车改革背后的家国情怀[J]. 河北省社会主义学院学报，2016(3)：53-56.

[101] 戴国雯，刘源，王尧. 国外生态城市政策体系概述——以德国为例[J]. 建设科技，2018(6)：31-35.

[102] 杨叙. 绿色出行周：丹麦人的交通理念[J]. 城市问题，2002，4：70-73.

[103] Fujii S，Taniguchi A. Determinants of the effectiveness of travel feedback programs — A review of communicative mobility management measures for changing travel behaviour in Japan [J]. Transport Policy，2006，13(5)：339-348.

[104] 李忠东. 巴黎推出电动汽车租赁服务项目[J]. 汽车与配件，2012

(4)：4-6.

[105] 潘海啸.中国城市自行车交通政策的演变与可持续发展[J].城市规划学刊，2011(4)：82-86.

[106] 龚勤，沈悦林，陈洁行，等.低碳交通的发展现状与对策建议——以杭州市为例[J].城市发展研究，2013，2：18.

[107] 曹喜红.基于低碳背景的旅游城市交通方式级配研究[D].兰州：兰州交通大学，2013.

[108] 罗文辉.Q方法的理论与应用[J].新闻学研究，1985，37(1)：45-72.

[109] 周凤华，王敬尧.Q方法论：一座沟通定量研究与定性研究的桥梁[J].武汉大学学报：哲学社会科学版，2006，59(3)：401-406.

[110] 冯成志，贾凤芹.Q方法论及其在临床研究中的应用(综述)[J].中国心理卫生杂志，2010，24(1)：59-63.

[111] Thomas D M, Watson R T. Q-sorting and MIS research：A primer [J]. Communications of the AIS, 2002, 8：141-156.

[112] 赵德雷，乐国安.Q方法论述评[J].自然辩证法通讯，2003，25(4)：34-39.

[113] 于曦颖，陈云林.Q方法论探析[J].自然辩证法通讯，2010，32(5)：15-20.

[114] 黄洁华，伊丽思.我国IT行业女经理职业脚本研究[J].华南师范大学学报：社会科学版，2005(1)：117-124.

[115] 董小英，李芳芳，鄢凡，等.我国企业CIO在信息化建设中的角色：基于Q方法的研究[J].信息系统学报，2008，2(2)：10-21.

[116] 胡振虎.基于Q方法的财政支农资金整合研究[J].广西财经学院学报，2010，23(3)：107-111.

[117] 杨英武.城市褐色土地开发利益相关者的冲突及其协调策略研究[D].福建：福建师范大学，2010.

[118] 胡小军.基于Q方法的高校图书馆馆员工作压力实证探析[J].科

技文献信息管理, 2011, 25(4): 45-48.

[119] 柳千训, 郭明军, 林润宣. 韩国非中文专业大学生汉语学习态度调查研究——基于Q方法[J]. 沈阳师范大学学报: 社会科学版, 2012, 36(2): 24-28.

[120] 谢诗敏, 明李, 凌文轻. Q方法在领导力开发评估中的应用[J]. 开发技术, 2012(2): 53-56.

[121] 刘孟宇, 锦彭, 淼姜, 等. Q方法在中医专家经验研究中的应用初探[J]. 中国中西医结合杂志, 2010, 30(10): 1101-1104.

[122] Hermans F, Kok K, Beers P J, et al. Assessingsustainability persectives in rural innovation projects using Q-methodology [J]. European Society for Rural Sociology, 2012, 52(1): 70-91.

[123] Giannoulis C, Botetzagias I, Skanavis C. Newspaper reporters' priorities and beliefs about environmental journalism an application of Q-methodology [J]. Science Communication, 2010, 32(4): 425-466.

[124] Davies B B, Hodge I D. Exploring environmental perspectives in lowland agriculture: A Q methodology study in East Anglia, UK [J]. Ecological Economics, 2007, 61(2-3): 323-333.

[125] Barry J, Proops J. Seeking sustainability discourses with Q methodology [J]. Ecological Economics, 1999(28): 337-345.

[126] Schlinger M J. Cues on Q-technique [J]. Journal of Advertising Research, 1969, 9(3): 53-60.

[127] Brown S R, Durning D, Selden S C. Q Methodology. In Handbook of Date Analysis and Quantitative Methods in Public Administration [C]. New York: Marcel Dekker, 1998.

[128] Stern P C, Dietz T, Abel T, et al. A value-belief-norm theory of support for social move-ments: The case of environmentalism[J]. Research in Human E-cology, 1999, 6(2): 81-97.

[129] Barr S. Household waste in social perspective [M]. Aldershot: Ashgate, 2002.

[130] 孙岩, 武春友. 环境行为理论研究评述[J]. 科研管理, 2007(3): 108-113+77.

[131] 盛光华, 岳蓓蓓, 葛万达. 环境价值观驱动中国居民绿色消费行为的链式多重中介模型[J]. 数量经济研究, 2020, 11(1): 101-118.

[132] Dunlap R E, Liere K, Merting A G, et al. New trends in measuring environmental attitudes: Measuring endorsement of the new eso logical paradigm: A revised NEP scale [J]. Journal of Social Issue, 2000, 56(3), 425-442.

[133] 祖明, 朱建涛, 杨武. 消费者环境价值观与新能源汽车购买意愿关系研究: 以亲环境个人规范为中介[J]. 合肥工业大学学报: 社会科学版, 2020, 34(2): 7-14.

[134] 王晓楠. 阶层认同、环境价值观对垃圾分类行为的影响机制[J]. 北京理工大学学报: 社会科学版, 2019, 21(3): 57-66.

[135] 张琪, 陈婉, 陈煊铭. 大学生环境价值观与绿色出行之间的关系——以共享单车为例[J]. 心理技术与应用, 2017, 5(11): 695-701.

[136] Milfont T L, Duckitt J. The structure of environmental attitudes: A first-and second-order confirmatory factor analysis[J].Journal of Environmental Psychology, 2004, 24(3): 289-303.

[137] Budd T, Ryley T, Ison S. Airport ground access and private car use: A segmentation analysis [J]. Journal of Transport Geography, 2014, 36: 106-115.

[138] 武春友, 孙岩. 环境态度与环境行为及其关系研究的进展[J]. 预测, 2006, 25(4): 61-65.

[139] 陈凯, 郭芬, 赵占波. 绿色消费行为心理因素的作用机理分析: 基于绿色消费行为心理过程的研究视角[J].企业经济, 2013(1):

124-128.

[140] 秦宏, 高宇辉. 海岛居民环境友好行为及其影响因素研究——以长岛县为例[J]. 中国人口·资源与环境, 2020, 30(4): 125-135.

[141] 陈凯, 邓婷. 环境态度、引导用语与绿色出行意向研究[J]. 干旱区资源与环境, 2017, 31(3): 191-196.

[142] 吕筱萍, 段丽君. 消费者环境敏感度对绿色消费意向的影响研究: 基于计划行为理论[J]. 浙商研究, 2015: 165-177.

[143] Sia A P, Hungerford H R, Tomera A N. Selected predictors of responsible environmental behavior: An analysis[J]. The Journal of Environmental Education, 1986, 17(2): 31-40.

[144] Sivek D J, Hungerford H. Predictors of responsible behavior in menbers of three Wisconsin conservation organizations [J]. The Journal of Environmental Education, 1990, 21(2): 35-40.

[145] 郑时宜. 影响环保团体成员三种环境行为意向之因素的比较[D]. 台北: 中国台湾中山大学, 2004.

[146] 孙岩. 居民环境行为及其影响因素研究[D]. 大连: 大连理工大学, 2006.

[147] Lariche M, Bergeron J, Barbaro-Forleo G. Targeting consumers who are willing to pay more for environmentally friendly products [J]. Journal of Consumer Marketing, 2001, 18(6): 503-520.

[148] Zsoka A, Szerenyi Z, Szechy A, et al. Greening due to environmental educations? environmental knowledge, attitudes, consumer behavior and everyday pro-environmental activities of hungarian high school and university students [J]. Journal of Cleaner Productions, 2013, 48(6): 126-138.

[149] 高键, 盛光华, 周蕾. 绿色产品购买意向的影响机制: 基于消费者创新性视角[J]. 广东财经大学学报, 2016, 31(2): 33-42.

[150] 李秀芹. 公众低碳消费行为影响因素分析及建议[J]. 经济师,

2020(7): 16-17.

[151] Frick J, Kaiser F G, Wilson M. Environmental knowledge and conservation behavior: Exploring prevalence and structure in a representativesample [J], Personality and Individual differences, 2004, 37(8): 1597-1613.

[152] Marcinkowski T J. Contemporary challenges and opportunities in environmental education: Where are we headed and what deserves our attention [J]. The Journal of Environmental Education, 2009, 41(1): 34-54.

[153] 祝伟, 过秀成, 何明, 等. 基于贝叶斯网络的出行方式选择模型研究[J]. 交通信息与安全, 2010(1): 99-103.

[154] 张萍, 晋英杰. 我国城乡居民的环境友好行为及其综合影响机制分析——基于2013年中国综合社会调查数据[J]. 社会建设, 2015, 2(4): 16-25.

[155] 胡意平, 余敬. 环境知识对员工绿色行为的影响——蓄电池企业的实证[J]. 资源开发与市场, 2019, 35(8): 1044-1053.

[156] 高孟菲, 于浩, 郑晶. 环境知识、政府工作评价对公众环境友好行为的影响[J]. 中南林业科技大学学报: 社会科学版, 2020, 14(2): 53-60.

[157] Sirriyeh R, Lawton R, Gardner P, et al. Reviewing studies with diverse designs: The development and evaluation of a new tool [J]. Journal of Evaluation in Clinical Practice, 2012, 18(4): 746-752.

[158] Lo S H, Breukelen G, Peters G, et al. Pro-environmental travel behavior among office workers: A qualitative study of individual and organizational determinants [J]. Transportation Research Part A: Policy and Practice, 2013, 56(1): 11-22.

[159] Ahmed Q I, Lu H, Ye S. Urban transportation and equity: A

case study of Beijing and Karachi[J]. Transportation Research Part A: Policy and Practice, 2008, 42(1): 125-139.

[160] 苏城元, 陆键, 徐萍. 城市交通碳排放分析及交通低碳发展模式——以上海为例[J]. 公路交通科技, 2012, 29(3): 142-148.

[161] Okata J, Murayama A. Tokyo's Urban Growth, Urban Form and Sustainability[M]. Tokyo: Springer Japan, 2011.

[162] Bryman A. Social Research methods[M]. Oxford: Oxford University Press, 2012.

[163] Eliasson J, Proost S. Is sustainable transport policy sustainable? [J]. Transport Policy, 2015, 37: 92-100.

[164] Sardianou E. Estimating energy conservation pattems of greek-houscholdts[J]. Energy Policy, 2007, 35(7): 3778-3791.

[165] 王振坡, 康海霞, 王丽艳. 共享单车对居民通勤方式选择的影响研究——基于天津市微观调查与大数据的实证分析[J]. 城市发展研究, 2019, 26(10): 57-66.

[166] Corman, F, DAriano A, Pacciarelli D, et al. Evaluation of green wave policy in real-time railway traffic management[J]. Transportation Research Part C, 2009, 17(6): 607-616.

[167] Cervero R. Transit-oriented development in the United States: Experiences, challenges, and prospects[M]. Washington: Transportation Research Board, 2004.

[168] Altshuler A A, Luberoff D. Mega-projects: The changing politics of urban public investment[M]. Washington: Brookings Institution Press, 2003.

[169] Schwanen T, Dielemari F M, Dijst M. Travel behaviour in Dutch monocentric and policentric urban systems[J]. Journal of Transport Geography, 2001, 9(3): 173-186.

[170] 洪大用, 范叶超, 邓霞秋, 等. 中国公众环境关心的年龄差异分析

[J]. 青年研究, 2015(1): 1-10+94.

[171] Xiao C, Hong R. Gender differences in environmental behavior in China [J]. Population and Environment, 2010, 32(1): 88-104.

[172] 王雯静, 干宏程. 小汽车与轨道交通出行方式选择行为分析[J]. 城市交通, 2010, 8(3): 36-40.

[173] Scheiner J, Holz-Ran C. Gendered travel mode choice: A focus on car deficient households [J]. Journal of Transport Geography, 2012, 24(1): 250-261.

[174] 王彧. 各年龄段女性出行方式选择的调查[J]. 科技广场, 2011(6): 111-113.

[175] Ettenia D, Borgers A, Tifflmermans H. Simulation model of activity scheduling behavior [J]. Transportation Research Record, 1993(1): 1-1.

[176] 马静, 柴彦威, 刘志林. 基于居民出行行为的北京市交通碳排放影响机理[J]. 地理学报, 2011(1): 1023-1032.

[177] 赵丹, 邵春福, 孙壮志, 等. 基于RP/SP联合数据的市郊铁路出行行为分析模型[J]. 交通运输系统工程与信息, 2010, 10(6): 156-162.

[178] Zafeiroudi A, Hatzigeorgiadis A. Validation of the greek version of the responsible environmental behavior scale and relationships with participation in outdoor activities [J]. International Journal of Sport Management, Recreation & Tourism, 2014, 13.

[179] Boubonari T, Markos A, Kevrekidis T. Greek pre-service teachers' knowledge, attitudes, and environmental behavior toward marine pollution [J]. The Journal of Environmental Education, 2013, 44(4): 232-251.

[180] Bamberg S, Möser G. Twenty years after Hines, Hungerford, and Tomera: A new meta-analysis of psycho-social determinants

of pro-environmentalbehaviour[J]. Journal of environmental psychology, 2007, 27(1): 14-25.

[181] Verplanken B, Aarts H, Knippenberg A, et al. Habit versus planned behaviour: A field experiment[J]. British Journal of Social Psychology, 1998, 37(1): 111-128.

[182] 苏城元. 基于低碳发展模式的城市交通结构优化研究[D]. 上海: 上海交通大学, 2012.

[183] 范志杰. 北京交通可持续发展的经济学思考[J]. 城市管理与科技, 2009(6): 38-39.

[184] Schwanen T, Dijst M, Dieleman F M. Leisure trips of senior citizens: Determinants of modal choice[J]. Tijdschrift Voor Economische En Sociale Geografie, 2001, 92(3): 347-360.

[185] Klöckner C A, Blöbaum A. A comprehensive action determination model: Toward a broader understanding of ecological behaviour using the example of travel mode choice[J]. Journal of Environmental Psychology, 2010, 30(4): 574-586.

[186] Qi C H, Kaiser A P. Behavior problems of preschool children from low-income families review of the literature[J]. Topics in Early Childhood Special Education, 2003, 23(4): 188-216.

[187] Smith-Sebasto N J, D'Costa A. Designing a likert-type scale to predict environmentally responsible behavior in undergraduate students: A multistep process[J]. The Journal of Environmental Education, 1995, 27(1): 14-20.

[188] Golob T F. Structural equation modeling for travel behaviorresearch[J]. Transportation Research Part B: Methodological, 2003, 37(1): 1-25.

[189] Bentler P M, Chou C P. Practical issues in structural modeling [J]. Sociological Methods and Research, 1987, 16(8): 78-117.

［190］余建英，何旭宏. 数据统计分析与 SPSS 应用［M］. 北京：人民邮电出版社，2003.

［191］Halpenny E A. Pro-environmental behaviours and park visitors: The effect of place attachment［J］. Journal of Environmental Psychology, 2010, 30(4): 409-421.

［192］张文彤. SPSS II 统计分析教程［M］. 北京：北京希望电子出版社，2002.

［193］Baron R M, Kenny D A. The moderator - mediator variable distinction in social psychological research: Conceptual, strategic, and statistical considerations［J］. Journal of Personality and Social Psychology, 1986, 51(6): 1173-1182.

［194］Preacher K J, Kelley K. Effect size measures for mediation models: Quantitative strategies for communicating indirect effects［J］. Psychological Methods, 2011, 16(2): 93-115.

［195］李小聪，刘惠. 城市居民低碳出行行为决策影响因素模型研究［J］. 城市管理与科技，2018，20(4)：51-53.

［196］李杨. 基于扎根理论的城市居民绿色出行影响因素分析［J］. 社会科学战线，2017(6)：265-268.

［197］史海霞，王善勇，翟坤周. 双重环境教育对大学生 $PM_{2.5}$ 减排行为的影响机制研究［J］. 干旱区资源与环境，2020，34(7)：62-67.

［198］SharifahIntan Sharina Syed Abdullah. An investigation into the influence of outdoor environmental education courses on the environmental attitude and behaviours of Malaysian participants: A life history approach［J］. Environmental Education Research, 2020, 26(6): 915-916.

［199］曲英，潘静玉. 我国城市居民绿色出行行为影响因素实证分析［J］. 环境保护与循环经济，2014，34(6)：62-66.

［200］陈凯，梁皓凯. 居民绿色出行的差异来源与表现——以北京市为

例[J].软科学,2016,30(11):109-113.

[201] 和扬,王乐怡,王祥,等.国内外慢行交通发展经验借鉴[J].城市公共交通,2019(2):31-34.

[202] 罗德尼·托利.可持续发展的交通-城市交通与绿色[M].孙文财,等,译.北京:机械工业出版社,2013.

[203] 李赤林,黄勇.基于结构方程的城市居民绿色出行意愿影响因素研究[J].物流科技,2016,39(12):85-89.

[204] 冷传才.城市自行车交通发展战略及措施研究[J].北京建筑工程学院学报,2002(1):96-99.

[205] 杨宝路,冯相昭,邹骥.我国绿色出行现状分析及对策探讨[J].环境保护,2013,41(23):39-40.

[206] 白晓娜,王彦生.绿色出行:中国城市交通的发展之路[J].人民交通,2019(9):18-21.

[207] 王娅,金欢欢,胡欢欢.城市居民绿色出行意愿影响因素分析[J].知识文库,2019(11):37.

[208] 刘梅.城市居民低碳出行引导策略研究[D].河北:河北经贸大学,2018.

[209] 杨冉冉.城市居民绿色出行行为的驱动机理与政策研究[D].徐州:中国矿业大学,2016.

[210] 罗绍建,李文军.如何创新完善公共交通安全防控体系建设[J].中国高校科技,2017(1):17-18.

[211] 徐铭勋."互联网+"背景下地面公共交通的政策与法规探究——基于北京与香港的比较[J].北京联合大学学报:人文社会科学版,2018,16(2):110-116.

[212] 黄浩瀚.实施"公交优先"战略创建文明交通环境[N].汕头日报,2018(2).

[213] 刘芳,杨淑君.欧盟绿色交通发展新趋势[J].工程研究-跨学科视野中的工程,2017,9(2):148-155.

[214] 倪诚. BRT 快速公共交通在城市交通中的运用与实践[J]. 住宅与房地产, 2020(18): 257.

[215] 马凯. 关于低碳经济下公共交通运输管理的思考[J]. 科技经济导刊, 2020, 28(23): 183-184.

[216] 梁文博, 刘晨, 王艳玲. 基于 Logistic 回归模型的居民出行方式影响因素分析[J]. 生产力研究, 2020(1): 125-127+136.

[217] 侯丹. 新能源汽车补贴政策变化及会计处理探析[J]. 财会通讯, 2020(19): 101-104.

[218] 许芳, 肖前, 徐国虎. 基于 SPSS 的城市居民绿色出行方式选择的因子分析[J]. 中国集体经济, 2011, 3: 104-105.

[219] 张宇, 王海英, 田凯, 等. 中国城市无车日活动总结与评估[A]. 中国城市规划学会. 城市时代, 协同规划——2013 中国城市规划年会论文集(1-城市道路与交通规划)[C]. 中国: 中国城市规划学会, 2013: 10.

[220] 王德刚. 践行绿色出行旅游领域责无旁贷[N]. 中国旅游报, 2019-06-07(3).

后 记

本研究首先基于计划行为理论,运用实证研究方法识别出城市居民出行方式选择的内在动因和障碍,以及外部驱动和制约因素,并分析其影响方式和影响力,揭示其影响机理;其次以绿色出行为目标,运用Q方法对居民进行聚类分析,剖析现行出行行为的类型、成因和特点,分析不同群体的一致性和差异性,并从群体特征视角提出出行行为转化路径,为政府解决城市交通问题提供了理论依据和政策参考。本书的研究内容与结果具有一定的理论和实践意义,但也有一定的局限性:

首先,本书涉及的量表开发是以文献查阅和专家访谈为基础的,可借鉴的成熟量表较为缺乏且题项数量有限;其次,受到地域的限制,本书样本选择主要集中在大连、北京、天津等城市,且问卷的发放数量有限;最后,虽然本书对不同出行人群的特征及行为转变途径进行了识别,但属于静态研究,无法预测未来城市居民的绿色出行倾向与行为。

基于本书研究内容与结果的局限性,未来进一步的研究方向可能如下:

(1)在量表开发方面,因城市居民的绿色出行行为涉及社会学、心理学等多学科领域,随着研究的不断深入,可以基于相关学科研究成果,尽可能地获取与城市居民绿色出行相关的题项,对城市居民绿色出行行为量表不断进行完善。

(2)在样本选择方面,后续研究可以扩大调研范围,对样本进行扩充,并对不同类型城市的绿色出行状况进行对比,使研究向横向继续扩展。

(3)在研究内容方面,首先,绿色出行本身在我国推广的时间并不算长。随着科技的进步,更多环保节能的交通方式将被开发出来,而我国的政策法规、交通设施也将进一步完善,因而相应的理论研究必将随着这些因素的发展而发展。其次,随着绿色出行在城市中的持续推进,居民的绿色出行态度和行为可能会与现阶段有所不同,动态研究将成为未来的研究重点。

致　谢

在起笔到完成的整个撰写过程中,著者得到了各方给予的诸多帮助,使得本书能够顺利完成。

首先在确定本书的主题与框架时,感谢大连理工大学经济管理学院的武春友老师与郭玲玲老师基于其自身的学术理论知识与科研经验提供的指导与建议。在本书内容不断修改期间,他们也给予了莫大的耐心和不断的帮助,这是本书得以完成的重要原因。

其次,本书需要在前期进行大量调研以获得相关的数据作为分析的基础,在这里非常感谢在百忙中抽空填写问卷的来自中国移动通信集团有限公司、北京汽车集团有限公司、天津大学、大连理工大学及石家庄市城市管理综合行政执法局等各位受访者,谢谢你们能够抽出时间来填写问卷并对本研究给予大力支持。同时也非常感谢负责调研的潘静玉等同学,谢谢你们不辞辛劳地四处走访奔波。

最后,由于本书涵盖的内容较多,针对不同的内容需要使用不同的研究工具和方法来进行分析,在选择与确定合适的工具方法时,得到了来自大连理工大学旅游与环境管理研究所师生的相关建议,在此对他们的帮助致以谢意。同时,感谢博士生苍耀东、曹悦,硕士生潘静玉、王蕴琦、朱盼盼、田雪莹、袁英敏、芦梦君、方燕、马倩云与崔淼在本书编写时所做的大量辅助性工作,比如收集与整理相关资料;也感谢大连理工大学出版社的相关编辑给予的帮助。

在本书的写作过程中,著者参阅了大量国内外文献,已尽可能列出,如仍有疏漏,敬请谅解,在此向所有参考文献作者致以最诚挚的谢意。由于作者水平有限,本书仍有许多不足,敬请广大读者给予批评指正,也希望国内外同行提出宝贵建议。

曲英

2021 年 10 月